CHINA
LOSES CONTROL
失速中國

政大國關中心中國專家四大面向剖析，一窺中國失控、全球遭殃的燃點！

宋國誠——著

目錄｜Contents

第二部　五毒攻心，錯誤百出業障生

第三部　辯，才無礙！

第四部 中國，必須告別

推薦序
中國失速，中共失敗！

汪浩

台灣書店有關中國、中共和習近平研究的書籍琳瑯滿目，但是由台灣本國學者撰寫，以全球國際關係為背景，深入分析習近平的個性、思想和政策的專著，卻是鳳毛麟角。宋國誠教授的這本書，既填補了台灣學術界的空白，又行文流暢、論述生動活潑，很適合社會大眾茶餘飯後閱讀。

二〇二二年十月二十二日，中國共產黨第二十次全國代表大會閉幕（後文簡稱二十大），前中共總書記胡錦濤被架離會場這一幕，震驚全球。習近平打破慣例連任，全面提拔習家軍出任政治局委員，確保自己永久執政。總理李克強裸退，一年後被猝死。

過去四十年，按鄧小平總結文革教訓而規劃的中共領導人退休制度，包括三個層面的內容：第一，中共最高領導人一人最多擔任兩任、一任是五年。第二，政治局成員受七上八下的年齡限制。第三，會隔代指定接班人，而被指定的接班人選，則於現任總書記展開第二任期時晉身政治局常委；這位人選通常是年輕一代，並被授予綜覽全局的職位。中共二十大上，習近平廢除以上這三項制度，代之以他個人隨心所欲，獨斷獨裁的領導模式。以他的小學文化程度，習近平為什麼能獨裁？他是怎麼做到的？

史達林（Joseph Stalin）、毛澤東在死前不肯放棄權力，身邊的人在他們屍骨未寒就發生暴力弒殺，搶奪最高領導權。鄧小平、江澤民安排接班人後垂簾聽政，得以善終。習近平非常清楚這些歷史先例，同史達林和毛澤東一樣，習近平也是個疑神疑鬼、對人極度不信任的領導，所以他幾乎只重用他在位低權輕時就認識的人。他還身兼黨內各種小組的小組長，以及各種委員會主席，緊緊抓權。但是，赫魯雪夫（Nikita Khrushchyov）就睡在身邊，那些歌功頌德，高喊「忠誠不絕對，就是絕對不忠誠」的人，有朝一日會是整習近平最狠的人，這點習不可能不知道。習近平是個孤獨的人，他不想玩指定接班人，又打倒接班人的遊戲，他想要超越毛澤東、仿效史達林，操縱身邊的人互鬥到死，而自己永遠不會分權。另外，習近平可能自認身體很好，不需要指定接班人；也可能他想要提拔女兒進入政治圈，這點還需要觀察，但只用親人幾乎是所有獨裁者的歸宿。

二十大後不到一年，習近平就滅了親手提拔的外交部長秦剛和國防部長李尚福，他使身邊的人感到恐懼、兔死狐悲。寒蟬效應的後果就是十四億顆大腦，只有一人在思考。習近平治國無方、整人有效，他打算永久集權，但無論他掌權多久，總有一天會面臨交棒問題。假設習近平失去行為能力或死亡，該怎麼辦？接班人問題躲是躲不過的，而如果獨裁者指定接班人，獨裁者與接班人之間的鬥爭，常常是新惡夢的開始。

我是經台大政治系明居正教授介紹認識宋教授，過去兩年來，經常請宋教授來華視《三國演議》節目，分析時政，幫助《三國演議》打知名度，十分感激他。宋教授對中國政局敏感，對中共歷史熟悉又能高瞻遠矚，及時把握國際趨勢的變化。他勤於筆耕，在節目上娓娓道來、條理清晰，深受觀眾喜愛。相信這本新書也一定會廣為讀者喜愛。

（作者為英國牛津大學國際關係博士、國際政經專家。）

推薦序
習共合體與左毒亂華

桑普

我很榮幸有機會推薦宋國誠教授《失速中國》這部大作。猶記得兩年多前，我倆初識於《新聞大破解》政論節目，後來多次同台論政，每次合作都很愉快，讓我獲益良多；我們亦師亦友，令我倍感欣慰。宋教授準備充分，單刀直入、見解獨到、條分縷析、用字精闢、莊諧並重。例如以「科技鎖喉」一詞，形容美國對中國的科技禁制政策，復以「仙女棒火箭」一詞，形容中國西部發射井蓋失靈的飛彈，諸如此類，生動傳神，令人印象深刻。

習近平極權統治下的紅色中國，十多年來一直都是大家關注的重要政治課題。坊間相關中外文書籍汗牛充棟，但大多抱持以下觀點：習近平是中共統治的「異數」，從「以經濟發展為中心」轉向「以黨國安全為中心」，大開中共歷史「倒車」，「騎劫」中共向下沉淪。其實，這種看法似是而非。中共統治的「常數」一直都是：弱勢時扮傻賣笑韜光養晦（猴氣），強勢時仗勢欺人戰狼出征（虎氣）。不理承諾、不擇手段、沒有底線、沒有原則、詭變成精，以征服、占領、改造、永霸全人類為其終極目標。

習近平從來沒有乖離上述「常數」。以月亮為例，鄧江胡是新月，毛習是滿月，初一十五不一樣，但月亮還是同一個。需知道習沒有否定鄧江胡，而是自覺鄧江胡時代跟習時代的中共實力與國際形勢差距太大了，於是決心以毛為師，有所作為。同樣道理，漢武帝從不否定文景之治，但卻以秦始皇為師，罷黜百家、獨尊儒術、儒表法裡、勞民傷財、出征西域、屍橫遍野。嬴政與劉邦是仇家不是重點，毛澤東與習仲勳是冤家當然也不會是重點。

明白到這個道理，才能理解：不是習近平開了中共歷史的倒車，而是中共心甘情願地選擇了習近平；而習近平也不辱中共使命，把中共本質發揮到淋漓盡致。我在十多年前早已不寄望中共黨內產生足以遏制獨裁者的力量，不再刻舟求劍或痴人說夢。君不見二〇二〇年「港版國安法」及二〇二四年「二十三條立法」摧毀香港自由法治人權，其實是中共極權專制本質使然，而習也只不過是刀手而已。假如今天中國仍然由鄧江胡統治，我相信香港慘況也是大同小異。香港與中國融合發展、人口洗牌、文化改造、教育變質、中聯辦（全稱為中央人民政府駐特別行政區聯絡辦公室）成為香港第二支管治隊伍，究竟是誰開始主導的？不是習近平，是江胡。種子早已埋下，習只不過是收割者。韜光養晦者玩的是陰謀，有所作為者搞的是陽謀，分別僅此而已，識者不可不察。

基於以上觀念和視野，本書內容針對習近平的極權統治，就起到細緻描繪與畫龍點睛的雙重作用，鞭辟入裡、絲絲入扣。宋教授在第一部率先揭櫫「習帝養成術」，把習近平奉毛澤東為「精神之父」的心理狀態分析得細緻入微。第二部談到「五毒攻心」、第三部談到「五大詭辯」，均結合中國與國際近年時事脈動深入分析，其中涉及中國竄改香港歷史的部分，尤其引發我的深刻共鳴。第四部大字標題「中國，必須告別」，令我拍案叫絕，並以塔西佗陷阱的失信漩渦作結，令我擊節讚賞。通讀全書，一氣呵成，令我愛不釋卷。

本書第二部提及「民族智能退化」「網絡民粹主義」「新蒙昧主義」等概念，其實值得進一步展開深入討論，成為另一部專書。

以下簡單談談我的一些初步想法。「中共」「中國」「中國人」「中華文化的糟粕」四者相互交織，彼此牽扯難分。需知道國際社會多年來的政治論述，往往把四個概念分開處理，固有其聚焦針對中共政權的戰略考量，委實無可厚非，也不需要改變。然而，只要大家坦誠面對現實，就知道四者猶如一大醬缸，體用一元，難以截然劃分。從個人經歷來看，我在千禧年代曾經多次往返中國多地為律師工作出差，並在北京大學就讀博士班；我當時仔細觀察過產、官、學等許多中國人表現，發現魯迅筆下的孔乙己、柏楊筆下的醬缸文化，所言非虛。縱有例外，特例不影響我對上述通例的研判。

質言之，只要我們不抱持大中華或大一統的本位主義去思考世局，很多事情可以用常識和知識來解釋說明。具體來說，中華文化蘊含著許多毒素，雖有提倡「民貴君輕」的華麗口號，但卻沒有產生憲政、法治、人權、共和、自由、民主制度與文化的堅實觀念信仰；雖有擺盪在宗族尊卑順從（儒）、逍遙置身度外（道）、領悟緣起性空（釋）之間的三角混沌，但卻沒有堅持講真話、行公義、好憐憫、存謙卑的心、與神同行的定錨觀念格局。再加上「衣食足然後知榮辱」（經濟決定論）、「不患寡而患不均」（平等優於自由）、「行而宜之之謂義」（道德相對論）、「學而優則仕」（權力優越論），那就會造就出一個偌大的左傾思想觀念溫床——服從父母官，期待包青天。

及至西學東漸，民初新文化運動萌芽，多人撿拾馬克思主義這種有毒的左派西學，並且奉為至寶。在不知不覺間，跟中華傳統文化當中的上述左傾糟粕一拍即合。然後放任英美宗教改革以來憲政民主與古典自由主義等寶貴思想擦身而過，甚至被某些激進人士棄如敝屣，令人非常遺憾。及至中共奪權建政，共產主義及中國特色社會主義更是把中華文化糟粕充分利用，大幅擴張，形成共生關係，彼此並不矛盾，反而互相契合。

畢竟，有怎樣的文化，就有怎樣的人民，就有怎樣的制度，就有怎樣的政權，然後又反饋到文化裡去，形成一個不斷內捲迴旋的惡性循環。換言之，光看政權影響制度，制度影響人民，只是看到事實的一半；再看人民擁抱文化，人民容忍極權，才看到事實的另外一半。當加害者與被害者同質同構，兩個角色牽扯難分，中國人要「出三峽」（歷史學者唐德剛語），真的比登陸月球還要困難。或許，我上述觀點會為大家理解本書中「民族智能的退化」「網絡民粹主義」「新蒙昧主義」等觀念，提供另一個思考維度。

我預計習近平與中共的孿生關係將會持續一段時間，暫還未見盡頭。只有當中國人的價值觀念格局有真正的覺悟和轉變，進而勇敢反抗中共暴政，凝聚強韌的公民社會，追求中國各省各地真正的獨立自主和民主憲政，醬缸才會被逐步打破，進而拆除台灣和香港旁邊的超級炸彈。我相信宋教授內心深處也期望這一天早日到來，讓本書成為習近平政權的照妖鏡和墓誌銘。

（作者為政治評論人。）

自序
從漸進式衰敗，到終極崩潰的失速中國

自二〇一二年習近平上台，至二〇二二年獲得國家主席第三任任期，這十年的光景，習近平給中國和世界帶來的災難與禍害難以計數。雖然，這十年間中國並沒有發動戰爭或侵略他國，但習近平始終給中國和世界製造危機與不安。在他的「工農兵腦袋」中，充滿了「毛式思維」以及一種「硬漢打鐵」的自大狂，始終看不清中國自己的現實，也看不清世界的局勢。他經常掛在嘴邊的「百年未有之大變局」，實際上是習近平給中國自身肇事釀禍的大變局！

中國：一部失速列車

《失速中國》一書，是我近年來陸續發表專題文章的集結和增補，旨在分析與解剖習近平如何將中國帶向一個危機四伏與窮途末路的境地。「失速」一詞意指超速之後帶來的「脫軌」和「翻車」，是一種野心大於現實的盲動與躁進，其結果就是目標迷失與車毀人亡。「失速」還意味著中國羽翼未豐就想雄鷹世界，腳沒站穩就想超前飛奔，其結果就是顛簸伏地、傷痕累累。

這裡所說的「脫軌」，是指習近平脫離了鄧小平的改革開放路線，背離了黨規與黨法，放棄了與世界和諧共處的世界觀，反而意圖挑戰秩序、稱霸一方。這裡所說的「翻車」，意思是「解體」，是指中國已經告別「中國崛起」的年代，世界也不再與中國和平相處。及至今日，中國開始面臨內部的各種危機以及外部的孤立無援，走向一條從漸進式衰敗到終極崩潰的道路。

習近平：一人法西斯主義

被美國總統拜登（Joe Biden）二度稱之「獨裁者」（dictator）的習近平，是一個以叫板和對抗為手段，以推行意識形態鬥爭的「現代中國皇帝」。歷來，獨裁者始終具備三項特質：一是編造一個雄偉壯觀（中國夢）的未來願景，誘使人民跟隨他、擁戴他；二是製造一些境外敵人（反華勢力）對國家安全與民族存亡的威脅，好讓自己扮演一個「強人」，宣稱足以拯救民族災難；三是運用高壓極權的體制（言論審查和攝像監控）對付異議分子與政敵，最終實現「一人法西斯主義」。這三項特質，習近平一個都不缺。

「一人法西斯主義」的危險性在於：偏執、獨斷、誤判。在「習家班」權力獨攬之下，形成了一種「迴音室」（echo chamber）決策圈，聽不到不同意見，也聽不到參考意見；這就形成習近平堅持己見、專斷獨行的「獨裁者誤判」。這一方面是習近平天生具備的「權威型人格」「敵托邦偏執症候群」「個人崇拜」「死亡本能」與「斯德哥爾摩症候群」等等人格特徵，另一方面則來自資訊不足與知識落伍的錯判，以致造成二十一世紀最大的「防疫鬧劇」——動態清零政策。這種「用子彈打病毒」的荒誕行徑，造成了至今難以抹除的「防疫創傷」——頻繁篩檢、強制封城、暴力隔離、商家倒閉、失業攀升等等，使中國經濟至今仍然處於疲軟衰竭的狀態。

中國：八方樹敵、四面楚歌

習近平嚴重缺乏現代國際觀與國際法的履約義務，始終停留在文革時期「文爭武鬥」的土共意識。儘管他經常提及「人類命運共同體」，但實際上這是中共對貧弱國家的戰略綁架，一種地緣政治的版圖擴張。這種綠林野將、草莽鬥狠、困獸猶鬥的性格，正是習近平看待和處理國際事務的基本認知。實際上，習近平總是以「長征勝利」「井岡山精神」「窯洞割據」「長津湖戰役」等等，作為「民族主義戰狼外交」的理念支撐。經常狂言要對國際社會「敢於鬥爭、敢於亮劍」，以至於造成今日八方樹敵、四面楚歌，乃至「天下圍中」的困境。

習近平最大的戰略誤判就是與美國搞對抗，這是一種出自於「東升西降」的判斷，進而把「中華民族的偉大復興」等同於打倒美國，試圖與美國爭奪世界霸主的野心與狂想。實際上，東方世界既沒有高升，西方勢力也沒有下降。自二十世紀以來，凡是與美國作對的國家，幾乎沒有什麼好下場。雖然美國在越戰、阿富汗戰爭採取了「戰略退卻」，但絲毫無損美國作為世界超強的地位。習近平設想中國作為「世界第二大經濟體」就可以扳倒美國，這叫做惹事生非、自討苦吃。

中國：走向新蒙昧主義

在本書中，我不僅提出了「習近平與中國悲劇的未來」長篇論述，也分別列舉了習近平執政之後面臨的「十大危機」，分別是「末路狂奔」「美中進入核對抗」「經濟寒冬冰霜雪降」「全景監視社會的建構」「人口負增長」「社會內戰」「民族智能的退化」「跛腳政治」「晶片割喉戰」與「塔西佗陷阱」等。如果加上可能發生的「南海戰爭」，以及經濟上的通貨緊縮、中等收入陷阱、國家資產（財政、投資、外匯）三流失，那就證明習近平帶給中國自身的傷害，至今依然流血不止、藥石罔效。

如果習近平繼續在位，中國必將走向「現代義和團主義」下的蒙昧狀態。這包括通過「數位極權主義」（網路監管、維吾爾種族滅絕、司法與政治迫害、洗腦教育等等）營造一種假性的社會和諧，利用謠言編造與外交詭辯打擊世界真相，竄改歷史以服務於政治，以及滑天下之大稽的「腦殘防疫」。換言之，這是一曲民族悲愴交響曲，一幅中國人「韭菜」宿命與「人礦」卑微的昏暗圖像。

作為一個生於斯、長於斯，也必將葬於斯的台灣學者，只要中共不放棄以武力併吞台灣，叫囂所謂「留島不留人」「導彈洗地」等等，我就沒有一分一秒會動搖或改變「抗共保台」的立場。如果中共在台海先啟戰端，製造「中國人打台灣人」的侵略行動，我們台灣人，一句話：「一命保台灣！」

感謝與學習

本書的出版，我要感謝的人很多。

首先要感謝《上報》總主筆陳嘉宏先生，長期以來提供「宋國誠專欄」的書寫園地，讓我得以針對中國問題與國際情勢發表評論，進而集結和增補後出版。其次要感謝華視《三國演議》主持人、英國牛津大學政經博士汪浩先生，是他的鼓勵與推薦，使得本書得以問世。汪浩先生博學多聞、溫文儒雅，是台灣不可或缺的「公共知識分子」。

也要感謝《今周刊》董事長謝金河先生支持本書的出版。謝董事長雖然是我就讀政大東亞所的學弟，但他的努力與成就遠遠在我之上，並成為當今台灣政經事務的意見領袖。同時，十分感謝曹興誠（八不居士）的推薦。亦感謝來自香港、為香港（反送中運動）貢獻心力的桑普律師，他為本書撰寫雄渾有力的推薦序，得此宏文，殊為榮幸。另外，也感謝《今周刊》發行人梁永煌、台大政治系名譽教授明居正博士、《筱君 Taiwan

Plus》主持人廖筱君女士、日本資深媒體人矢板明夫先生、資深媒體人及作家野島剛先生、台北大學犯罪學研究所副教授沈伯洋先生、美國聖湯瑪斯大學國際研究講座教授葉耀元博士、東吳大學政治系助理教授陳方隅博士，以及「信民兩岸研究協會理事長」黃清龍先生等人對本書的推薦。

我也要感謝《今周刊》的全體製作團隊。社長謝春滿、總編輯許訓彰、資深主編李志威、企畫李珮綺，以及行銷經理胡弘一、企畫主任朱安棋、行銷企畫林苡蓁、印務詹夏深。我們在無數次的規劃與討論中，完成了本書的出版。我在其中學習很多、收穫滿滿。

最後我要特別感謝我的研究助理琬屏，多年來協助我的計畫研究、田野調查以及本書的統籌工作，出主意、獻計策，我得力甚多，獲益匪淺。

政治大學國際關係研究中心資深研究員　宋國誠

序於台北指南山麓

二〇二三年十二月二十日

第一部 ▸ 唯有了解，才能看見

「習近平」如何養成的？為何能夠集東方帝王元素與西方法西斯獨夫於一身？

不看清「禁評的中國」，便無法真正理解為何中國是現在這模樣。

第1章 剖析「習帝養成術」

失速危機 習近平的末路狂奔

文革時期，中國曾經傳頌一首叫魂神曲〈東方紅〉，詞曰：「東方紅、太陽升，中國出了一個毛澤東！」今日，中國又出了一個習近平，依然叫魂、更添鬼魅！但東方不再泛紅，太陽也有如日蝕灰暗！

解剖習近平的政治性格

習近平的性格可謂集東方帝王元素與西方法西斯獨夫於一身，自居萬人之上而專斷獨行。若要分析習近平的政治性格，有如下數端：

「權威型人格」（authoritarian personality）

權威型人格是一種對權力的迷戀、反民主、強調秩序與統一，強調一元化、集體性化的人格型態。美國總統拜登就曾經稱呼習近平為「暴徒」，批評習近平：「他渾身上下沒有一絲民主。」這種權威型人格表現在統治問題上，就是以「國家危機－強人掌權－穩定安全」的三段推論，對人民進行深度控制和洗腦改造。今日的習近平就是「毛澤東二．〇，就是「文革－個人崇拜」的再現。楊繼繩*在《天地翻覆》一書中就指出：「專制的強制力量，深入到每一個邊遠的鄉村，每一個家庭成員，每一個人的大腦與腸胃。」實際上，這種專制力量還深入到每個人的靈魂與骨髓，滲透至每個人的細胞與神經。

*編按：楊繼繩為中國作家，曾任新華社高級記者、中國新聞學院教授，與《炎黃春秋》雜誌副社長。其自稱「敏感作家」，出版著作常因描寫當代真相屢受中國官方阻礙。

「敵托邦」偏執症候群（dystopian paranoid）

這是一種「惡性意志論」，對於個人執意的目標，具有一種堅持到底、至死不渝的頑固性；一如赫胥黎（Aldous Huxley）的小說《美麗新世界》（*Brave New World*）所描寫的，為了社會安定而完全抹殺個性與情感，整個社會必須實踐一個人的目標。

個人崇拜（cult of personality）

這是一種堅持「自我正確性」，迷戀他人對自己的讚美與服從，一種「自己是善、他人是惡」的二元價值觀。街頭巷尾到處吊掛習近平的玉照，路口懸掛巨型螢幕播放習近平的訓詞或講話，數以百萬印有習近平相片的瓷盤，書店充塞習近平思想讀本（俗稱「紅書」）；實際上，這是一種「腦控工程」和「黨化教育」。如此無止境的「造神」，習近平從不嫌太多，人民也似乎永不疲倦！

生命本能與死亡本能

在佛洛伊德（Sigmund Freud）的精神分析學中，提出了人的兩種「本能結構」（又稱「力比多」（libido）），分別是「生命本能」與「死亡本能」；生命本能是一種對愛與和平的嚮往，「死亡本能」則是對仇恨、暴力、控制、強迫、統治等等負面力量的崇拜。習近平顯然是一個具有強烈死亡本能的人物，其對維吾爾族人的反人類罪行，對香港的暴力鎮壓，說明死亡本能在其性格中的顯性特徵。

表現在習近平身上的「死亡本能」就是一種「破壞體制」，為了個人權力而對「既有體制」的無理拆卸。自習近平上台以來，連續破壞了「國家領導人任期制」與「隔代指定接班人」制度，撤除旨在避免個人崇拜的「集體領導制」，廢除「幹部年輕化制度」，無視現代幹部「功績任用制」（meritocracy）的重要性，建立任人為親、「論忠行賞」的獨裁領導制，以及剷除敵對派系，破壞黨內生態的平衡，羞辱前任領導（胡錦濤），將整個共產黨變成「習家軍」與「習言堂」。

斯德哥爾摩症候群

斯德哥爾摩症候群是一個犯罪學術語，意指人質遭歹徒綁架之後，由於日久相處，反而認同綁匪的行為與價值觀，進一步成為同謀或共犯。習近平就是一個典型的「斯德哥爾摩」病患。

毛澤東對習近平的父母極不公平，不僅將其父親習仲勛打成「反革命分子」，關押在北京衛戍區就近監視，母親被下放至「五七幹校」*勞改。但習近平對毛澤東依然罹患一種「斯德哥爾摩症候群」，也就是一種「膜拜梟雄」和「羨慕盜匪」的情結。自權力上身以來，習近平對此「家仇」隻字不提，連父親的名字也鮮少提及，反而極力為毛澤東洗白除罪、「批鄧揚毛」，乃至妄想如何與毛澤東並駕齊驅、歷史齊名。

習近平依舊末路狂奔！

隨著習近平「一聲令下」放鬆清零政策所導致的新冠肺炎疫情風暴，包括大面積感染與大規模死亡，中國出現了一個「血色黃昏」的末日景象。然而，在此末日路上，習近平依然加速狂奔！

例如習近平親自部署、親自指揮的「動態清零」，堪稱二十一世紀的「超級鬧劇」。在「動態清零」之前，明明有無數專家警告清零會重傷經濟，習近平就是堅持「清零不動搖」；封控三年之後，突然逆轉宣告進入所謂「優化防疫」時期，明明也有專家告誡突然放鬆清零會造成大規模死亡，習近平就是堅持「放鬆不動搖」。明明應該進口西方高效力的mRNA疫苗取代低效力的國產疫苗，習近平就是堅持「大國顏面」拒不進口。對中國人民而言，「辛辛苦苦封三年，一夕回到清零前」，最後竟是集體染疫、醫療崩潰，甚至病屍成堆，火化無門。

集「蠢材」「蠢黨」「蠢政」於一體

動態清零結束之後，一位署名「田園」的中國網民，整理了三十三件「清零荒唐事」，舉其「荒唐中的荒唐」者，如下：

1. 官方宣稱，挪威鮭魚、牛羊肉會傳播新冠病毒，樹木、輪胎、鋼筋條、河魚、雞、鴨、鵝都要核酸檢測。

---

*編按：五七幹校為文革時期為貫徹毛澤東《五七指示》精神，而設計的勞動改造、思想教育場所。

2. 某地有人確診，從該地返回的司機不准下高速公路。
3. 確診要隔離，密接也要隔離，甚至發明了次密接、次次密接……等等「防疫怪名詞」。
4. 大面積全員核酸，有三天三檢、七天七檢，甚至一個月內天天檢、日日測。
5. 高山雪原、窮鄉僻壤、北極地帶，即使只有一戶人家，即使只有幾位科研人員，也要專人前往檢驗，堪稱「檢測宅急便」。
6. 沒有核酸陰性證明者不給看病，孕婦、分娩、老人、小孩、急診、重病和基礎病患者，一律拒之門外。堪稱「無陰則拒」，見死不救！
7. 對陽性患者的貓狗寵物進行撲殺。
8. 剛出生的嬰兒，還未餵食初乳，也要先核酸、再吃奶。
9. 防疫人員隨意毀損門鎖、踹門而入，對住戶的床鋪、冰箱、衣櫃、盆栽、古董、字畫等等，一律噴藥消殺。
10. 官方宣稱，國際郵件會傳播病毒，寄達之後先消毒並放置三天；境外回國者，需先繳納回國酒店隔離費，航空公司預收，否則不允許登機。

這就是集「一人蠢材、集體蠢黨、全國蠢政」於一體的「中國特色社會主義的優越性」！

治大國如兒戲

人們經常認為，包括中國人民都肯定習近平是一個堅定而自信的人，實際上，習近平自我吹噓的所謂「治國理政」，是一種依賴遠大口號而非專業治理，既治不了國，也理不了政，既脆弱又虛假。所謂「優化防疫」，就是中國世紀大瘟疫的開端。

從「清零」到「不清零」，從「堅定不移貫徹動態清零總方針」，到一夕之間變成「人民做自己健康第一責任人」，從「政府全控」到「個人自理」，從一個極端擺向另一個極端，從一個獨斷走向另一個獨斷，治大國如兒戲，政策翻臉如翻書，其代價就是全中國人民處於極度焦慮與困惑之中，從而進入「全民免疫抑制狀態」。短短三周之內（二〇二二年十二月一日至二十一日），累計染疫數目高達二．五億人，占總人口的一七．五六％，單日染疫人數高達三千七百萬人，占總人口二．六四％，遠遠高於世界單日最高染疫四百萬人的歷史紀錄，其中特別是高齡危險人群，持續遭受病毒的折磨與死神的威脅。

有難先避之，有功全攬之

習近平的虛假與脆弱性，正是表現在一種「避難—神隱—收割」的投機行為上。習近平從來不會站在人民災難的第一線，而是災難過後出面收拾成果。武漢肺炎爆發之際，一方面宣稱「可防、可控」就是一項嚴重的錯誤，因為疫情的本質是「難防、難控」；而在疫情失控、人民驚慌失措之時，習近平選擇從公眾視野消失，選擇「自己先避難」；而在疫情趨於平緩之後，習近平就現身武漢，盡情收割，大聲宣布戰勝疫情，特別是他「領導有方」的勝利。換言之，「有難避之，有功攬之」，這就是習近平的治國理政！

而後，放鬆清零之後疫情再度爆發，習近平依然選擇「避不見面」，躲在人民災難的背後。換言之，習近平從來不知「負責」這兩個字的涵義，包括對世界的永續發展負起責任，對中國人民的災難與痛苦負起責任。

即使在放棄清零之後首次露面，習近平僅僅提出「養成良好的個人衛生習慣」「踐行文明健康的生活方式」等等不痛不癢的說法，卻隻字不提他領導的黨應該負起什麼責任？

中國「黑暗盛世」的來臨

三年來的「防疫創傷」：頻繁篩檢、強制封控、暴力隔離、失業攀升、商家倒閉……。

事實證明，除了對人身自由極限控制之外，清零完全無效、防疫徹底失敗。無論官方如何造假、編造，無論網路監管如何刪文、屏蔽，這些無法磨滅的苦難，都將深深烙印在人民記憶之中。美國詩人西奧多・羅特克（Theodore Roethke）說過：「在黑暗的時刻，眼睛開始看見。」從此以後，中國庶民階級不再相信所謂「習近平思想」，「人民至上，生命至上」的口號已成為揶揄嘲諷的笑話，習近平已失去人民的服從與信任。

對於習近平而言，想要稱霸世界，又不把合作與互助置於優先地位，反而以鬥爭與掠奪來威脅世界，試圖以「對抗西方」和「逆全球化」來實現民族復興，以軍機戰艦逼迫他人妥協，以政權之敵為名關押維吾爾族人，以愛國主義之名扼殺香港民主；以中立假象暗助俄羅斯侵略烏克蘭，假借主權之名試圖併吞台灣。換言之，中國當前以及未來的各種危機，總源頭只有一個：習近平危機。

習近平永遠不懂：控制不等於治理，稱霸不等於富強。時至今日，即使身處末路依然奮力狂奔，即使身陷死巷依然舉頭撞牆。習近平將把中國帶向「世界賤民」與另類國度的境地。

習近平不過是個普通人，甚至比你我平凡之輩更加平凡。但是在中共獨裁體制內，平凡之人也可能在「權力無邊界」之下成為「超凡」之人。然而，我把這種「超凡」定義為「獨裁者的誤判」，也就是沒有制度約束與權力制衡的「一夫見解」，一種凌駕法律之上依據專斷意志的「黑箱決策」，一種毫無問責機制的「有權無責」。這種非凡之人是中國的「特產」，僅此一家、別無分號。這種特產必將造就中國的「黑暗盛世」。

東方紅，太陽升，中國出了一個習近平。然而，在這個巨大的陰影下，地平線上看不到一絲希望的曙光。

愛讀書的小學博士

雖然習近平經常說一生最大的愛好就是讀書，但「愛讀書」和「有讀書」是兩回事。實際上，習近平的教育過程是斷裂的、零碎的，他的「清華博士」學歷也備受質疑。

一九六九年，習近平響應知青上山下鄉運動，來到陝西省延川縣的梁家河插隊落戶，一待就是七年。習近平選擇下放農村，接受所謂「貧下中農的再教育」，目的除了逃避毛澤東文化大革命的政治混亂之外，就是為了對背負父親習仲勛「反革命」的「黑底」進行政治漂白。但無論什麼目的，這七年，處於如此窮鄉僻壤，習近平肯定處於失學狀態，也就是缺乏中級程度的基礎教育。

李銳評習近平：小學程度

二〇一八年四月，毛澤東前秘書李銳在病榻上接受《美國之音》（*Voice of America*）訪問時表示，中共中央總書記習近平上台以來，展現文化水平低劣和剛愎自用的性格。他直言：「我那個時候不曉得他文化程度那麼低，你們知道吧？他小學程度。」從此，

「小學生」一詞成為評價習近平知識水平的標記。

李銳所說的「那個時候」，是指一九八〇年代初他擔任中共中央組織部副部長期間，負責中共第三代領導人的考察工作，曾與時任河北正定縣委書記的習近平會晤。據報導，習近平的父親習仲勳曾以「元老」之尊要求時任河北省委書記高揚「關照」自己的兒子，不料高揚卻公開此事，令習近平難以在當地立足。李銳於是安排習近平跨省升級，調到廈門市當副市長。但是李銳坦承，當時他不知習近平只有小學程度，這不僅顯示習近平的「清華博士」學歷真假莫辨，至少也不為眾人所知。

習近平的「清華博士」備受質疑

習近平在一九六五年升上初中，但隔年五、六月就爆發文化大革命，他所就讀的「北京市八一學校」被迫解散，正規教育就此中斷。一九六九年，習近平來到陝西延川的梁家河大隊插隊落戶，一個名不見經傳的陝北農村，日後卻成為塑造國家領導人鋼鐵意志的「政治聖地」。習近平在這個跳蚤肆虐、沒水沒電的陰暗窯洞裡，一待就是七年。一九七六年，習近平以「工農兵學員」身分，未經高考（普通高等學校招生全國統一考試）程序（即免試）獲准進入清華大學（中國在一九七七年才恢復高考），於一九七三年以《中國農村市場化研究》為題獲得法學博士學位，短短七年間，經歷了學士、碩士、博士，誠可謂「天才學生」。

但是習近平的「清華博士學歷」一直遭受質疑，有人根本認定，這個博士學位根本是「特權授予」，論文若不是抄襲，就是有人代寫。

實際上，習近平的博士學歷根本違反《清華大學授予博士學位實施辦法》，該辦法明文規定，申請博士學位的人員必須已獲得碩士學位，並在獲得碩士學位後工作五年以上。在習近平的簡歷中，查無「碩士學位」，也無「碩士後工作五年」的紀錄，這正是人們質疑習近平為「假博士」的由來。

七年下放，知識空白

既然上山下鄉是為了「接受貧下中農的再教育」，強調的是體力鍛鍊和毛式意識形態的灌輸，到了夜晚一片漆黑，自然不可能有「自主學習」的機會與可能。何況在梁家河這一荒山野地，一家書店也不會有，即使向村民借書也無書可借。在這七年中，習近平不可能通過任何渠道獲取基本知識，既無家庭教師也無中學學堂，在知識學習的道路上，七年的下放只能是一片空白。實際上，在文革時期是非常「反智的」，不僅把知識分子辱罵為「臭老九」，整個社會在毛澤東的「農村草莽主義」影響下，流行的是「知識越多越反動」「卑賤者最聰明」的思想。

雖說不宜以學歷論高低，但缺乏作為啟蒙階段的基礎教育的培養，卻是一生認知素養的重大缺陷。除了影響閱讀與理解能力之外，影響見解與視野，也會造成世界觀與價值觀的偏狹性與獨斷性。特別是高層領導人的失學經驗，必將影響領導能力與情勢判斷，特別在一個獨裁體制中，更容易形成一種「獨裁者誤判」的不利後果與悲劇。

習近平的閱讀障礙，口誤連連

基礎教育旨在培養兒童至青少年的「讀寫能力」，其中「正讀」更是基本訓練和要求，正是因為基礎教育的「失學」，習近平屢屢在演講中發生誤讀和口誤。

例如在二十大開幕致詞中，把「打鐵必須自身硬」讀成了「打血……打鐵必須自身硬」，將「生動活潑」（pō）讀作「生動活勃」（bó）。

在此之前，習近平的「誤讀」更是層出不窮，例如在二〇一六年杭州G20會議（二十大工業國會議）中，他把「通商寬農」說成「通商寬衣」（也可能「農」的簡體字是「农」，與「衣」很類似），有網友戲稱：「在中國做生意咩，寬衣很正常……」；在「五四運動一百周年」致詞時，習近平把「贍養」讀成了「瞻養（仰）」，把「迸發」讀成了「併發」；又如在二〇一八年十二月十八日的改革開放四十周年大會的演講中，將「金科玉律」讀成「金科律玉」，「頤指氣使」讀成「頤使氣指」；在二〇一九年「第二屆一帶一路峰會」上，將「精湛」說成了「精甚」等等。這一連串的誤讀，都是因為失學所導致的閱讀障礙。

習近平的「失學症候群」

為了掩飾失學狀態的自卑心理，習近平經常在各種場合誇耀自己是如何「飽讀經典、遍覽群集」。在心理學上，我稱之為「失學症候群」。在私下場合，習近平總是「口露土話」或「民間俚語」，例如在談到「反腐」時說道：「反腐要照鏡子、正衣冠、洗洗澡、治治病」等等，但是在正式的場合，習近平總是背誦長串書單，讓底下的人猶如接受「疲勞轟炸」！

例如，在二〇一四年「文藝座談會」的講話上，習近平以幾近「報書單」的方式說道：

這裡我舉幾個國家、幾個民族的例子。古希臘產生了對人類文明影響深遠的神話、寓言、雕塑、建築藝術，埃斯庫羅斯、索福克勒斯、歐里庇得斯、阿里斯托芬的悲劇和喜劇是希臘藝術的經典之作。俄羅斯有普希金、果戈理、萊蒙托夫、屠格涅夫、陀思妥耶夫斯基、涅克拉索夫、車爾尼雪夫斯基、托爾斯泰、契訶夫、高爾基、肖洛霍夫、柴可夫斯基、里姆斯基-科薩科夫、拉赫瑪尼諾夫、列賓等大師。法國有拉伯雷、拉封丹、莫里哀、司湯達、巴爾扎克、雨果、大仲馬、小仲馬、莫泊桑、羅曼·羅蘭、薩特、加繆、米勒、馬奈、德加、塞尚、莫奈、羅丹、柏遼茲、比才、德彪西等大師……。

甚至在他出訪每到一個國家時，就表示他「統統讀過」該國的經典名著。例如二〇一九年訪美在西雅圖發表演講時，他就提到了美國電影《西雅圖夜未眠》（*Sleepless in Seattle*）和電視劇《紙牌屋》（*House of Cards*），更表示自己從年輕時就熟讀這些美國名著；習近平甚至亮出了他的「美國書單」，包括漢米爾頓（Alexander Hamilton）的《聯邦黨人文集》（*Federalist Papers*）、潘恩（Thomas Paine）的《常識》（*Common Sense*），以及梭羅（Henry David Thoreau）、惠特曼（Walt Whitman）、馬克·吐溫（Mark Twain）、傑克·倫敦（Jack London）等人的作品。其中，《聯邦黨人文集》是一部關於美國憲法和三權制度的經典之作，顯然，對作為一個獨裁者的習近平而言，讀了也是白讀！

在二〇一四年三月，習近平訪問法國巴黎，在「中法建交五十周年」紀念大會上，習近平再度展示他窮盡法國名著、遍讀法國經典的氣勢。他說到：「讀法國近現代史特別是法國大革命史的書籍，讓我豐富了對人類社會政治演進規律的思考。讀孟德斯鳩、伏爾泰、盧梭、狄德羅、聖西門、傅立葉、薩特等人的著作，讓我加深了對思想進步、對人類社會進步作用的認識。讀蒙田、拉封丹、莫里哀、司湯達、巴爾扎克、雨果、大仲馬、喬治·桑、福樓拜、小仲馬、莫泊桑、羅曼·羅蘭等人的著作，讓我增加了對人類生活中悲歡離合的感觸。」

實際上，這一長串的法國經典，連法國的知識分子窮其一生都無法讀完。從梁家河到中南海，習近平若能把這些書讀完，一如那「扛麥子二百斤，十里不換肩」的神話，可謂是「天方夜譚」！如果再遍讀這些著作之後得出的心得，僅僅是「對人類生活中悲歡離合的感觸」，那就證明習近平最多只讀書名，以致得出如此淺薄的感觸！

在文革時期那種「一窮二白」（意指工農業不發達，科技水平也不高）的年代裡，不可能讓習近平坐擁堆積如山的西方名著，更無膽去閱讀這些西方資本主義的反動文集。換言之，這只是一種「失學症候群」之下的自我吹噓和自我膨脹！

火力全開硬派直男

早在二〇〇九年，時任國家副主席的習近平訪問拉美五國，在會見墨西哥華人代表時說道：「有些吃飽了沒事幹的外國人，對我們的事情指手畫腳。中國一不輸出革命，二不輸出饑餓和貧困，三不去折騰你們，還有什麼好說的！」

習近平的國際觀：文革武鬥的「土共」意識

這段話，除了完全是低級粗鄙的「土話」之外，充分顯示習近平完全缺乏「國際社會」（international society）的概念，才有所謂「吃飽了沒事幹的外國人」這種仇外、排外的粗言粗語；這裡所謂的「三不」：「不輸出革命，不輸出饑餓和貧困，不去折騰」，則是「共產國際」（或毛時代）一種老派共產黨員的話語，完全沒有現代國際社會共同責任的認知與素養。

實際上，在今日全球化時代，其任何作為（包括內政與外交）都將牽動或影響全世界，例如習近平在處理新冠疫情的政策與作為（掩蓋疫情、拖延公告等等），絕不是「我們的事情」，也絕不是關起門來任意而為的孤立事件，而是國際公共事件。在習近平後來逐漸獲取大位的過程中，諸如堅決採取「戰狼外交」並與國際社會堅決鬥爭的立場，皆與這種素質低落的「硬男」作風密切相關。

一句「還有什麼好說的」，這典型的「文革式紅衛兵鬥爭語言」，正是習近平把國際社會對中國的批評，一概斥之為「干涉中國內政」的原因，充分顯示其只知自私的國家利益，甚至更多是自己的私人權力，完全缺乏「國際共同責任」的世界觀。

習近平成長於文化大革命時代，滿腦子是「毛語錄」和紅衛兵口號吶喊，加上沒有受過正規教育，對於近代工業革命以來的民主化浪潮與文明進展，知之闕如、胸中無墨，總以為「中國的事中國人自己管」，殊不知，一個國家如果作出違反國際秩序與普世價值的行為，國際社會不僅可以「說三道四」，甚至可以進行反對與干涉！

習近平的痞子作風：中國的「極權經濟治國術」

正如美國政治網媒《Axios》中國記者貝書穎（Bethany Allen），在其《北京統治：中國如何將經濟武器化來對抗世界》（*Beijing Rules: How China Weaponized its Economy to Confront the World*）一書中指出的，中國的「極權經濟治國術」（authoritarian economic statecraft），其所使用的所有手段和措施，只為了追求中國自身極其狹隘的地緣政治利益。這些做法不是為了讓世界變得更好，不是多邊的，也不是基於崇高的意識形態理念。相反地，只是純粹為了自己國家和地緣政治的利益。

貝書穎所說的「極權經濟」，集中表現在習近平有大國野心卻無大國責任的痞子作風，一種只知檢討別人卻從不反思自己的「中國中心主義」。這種中心主義可以把中國自身的利益置於國際利益之上，把中國的規則凌駕於國際規則之上。實際上，習近平對於「中國霸權」毫不忌諱，甚至把中國霸權視為其終生奮鬥的目標。

習近平「吹哨子壯膽」：美中貿易談判裝腔作勢

二〇一九年五月十日美中貿易戰正式開打，隨後，美國對總計超過五千億美元的中國進口商品，課徵二五％至五〇％的關稅。稍懂國際經濟的人皆知，對高度依賴對外貿易的中國來說，這不僅是美國對中共的一記重錘，露骨地說，更是美國對中國的「毀國行動」。

然而，蠻牛豈知外貿的重要性？習近平始終不對美中貿易摩擦進行理性的處理，始終不採取即使犧牲短期的經貿利益也應換取美中長期貿易往來的立場，而是把美中的貿易衝突無限上綱為一場「民族主義戰爭」，採取一種革命年代的「井岡山精神」堅決與美國進行對抗。

美中貿易戰一聲鳴槍開跑，作為中國「民族主義輿論基地」的《環球時報》立即發動反擊，宣稱「中國是美國『極限施壓』政策壓不倒的一座山」，自信「中國有黨的堅強領導，有在困難面前保持團結的巨大體制優勢，我們完全有能力最大限度地消化、管控好對美出口減少帶來的損失」，甚至向美國高調放話：「如果美方想見識這個東方大國的耐力，那麼請便！」毫無疑問，這些「義和團口號」絕對出自習近平的授權與指示。

實際上，在美國釋出美中貿易談判的提議後，中國派出了以國務院副總理劉鶴為首的談判代表團，進行漫長而繁瑣的折衝與協商。詎料，當劉鶴把談判協議帶回中國時，習近平看到美方要求中國「修法」以適應雙邊貿易的公平性時，習近平立刻勃然大怒，將原先幾乎談妥定案的貿易協議草案，進行一種「釜底抽薪」的大幅修改，幾乎使原協議面目全非。這就激怒了原先就已情緒不穩的美國總統川普（Donald Trump），並使原先樂觀可期的貿易協議胎死腹中。

實際上，中國擁有對美貿易巨大順差的優勢，應該以「讓利」的策略換取雙邊貿易的穩定性。因為在美中貿易關係上，中國始終處於競爭中的弱勢地位，從「市場依存度」來說，中國對美國的市場依賴遠大於美國。但是習近平卻以義和團主義「神靈附體、刀槍不入」的姿態，一見「修法」一詞，就想起過去帝國主義國家強迫中國簽訂不平等條約，挑動其「民族主義的敏感神經」，決定以「扶中滅洋」的立場，與美國頑抗到底。

正是習近平這種蠻牛撞牆的剛愎自用，也就是出爾反爾、願賭不服輸的直男性格，使美國從此認定中國就是一個「不負責任、不守承諾」的國家，導致此後美國對中國一波接一波的遏制與圍堵。在美國看來更加不可思議的是，劉鶴身為國務院副總理，是習近平的首席財經智囊，更是全權委任的貿易談判特使，但習近平卻以「幕後獨裁者」的身分，一手推翻自己委任的談判特使！他這種翻臉不認帳的作風，對於信守「契約主義」的西方國家來說，可謂深惡痛絕！理由很簡單，依據西方的價值觀，衝突的避免是依賴對契約的信守而獲得的，不守承諾就意味不可信任、放任衝突。

對國內外情勢數之不盡的誤判，以及明知誤判依然「絕不動搖」，正是習近平濫用獨裁者權力而導致國窮民困的主因。

習近平的「土共意識」

因為文革而失去基礎教育的習近平，除了一些黨史教條的知識之外，就連具系統且完整的國際共產主義史都所知有限。他的所謂「治國理政」除了一些市場經濟的皮毛常識以外，就只剩毛澤東階級鬥爭與農民革命思想。實際上，毛澤東的農民革命思想也不是正統的「農民史學」，而是一些草莽英雄的傳奇與神話。換言之，毛式農民革命思想不過是土匪叛亂、反抗黃泉、改朝換代的「打江山野史」。這些，都被習近平所崇拜和繼承。

這種綠林野將、草莽鬥狠、困中猶鬥的性格，正是習近平看待和處理國際事務的基本見解。所謂「東升西降」「帝國主義亡我之心不死」等，皆屬他常說的一句陝西土話：「打鐵還得自身硬」的表現。換言之，習近平總是以「井岡山精神」「長征勝利」「窯洞吃苦」等土共經驗，作為國際認知與外交作為的認知依據。「土共」的最基本特徵就是「寧死也抗」，就是「死拚」，也就是橫衝直撞，這正是習近平誓死與西方對抗的主因。

第二部

五毒攻心，錯誤百出業障生

佛法中的五毒心「貪、瞋、痴、慢、疑」，會致人造作惡業、作繭自縛。細細檢視習近平的內外施政決策，便能發現滿是五毒叢生之兆，盡現禍國殃民之危。

第2章 貪：貪婪薰心蛇吞象

對權力地位的貪得無厭

貪，一般是指對物質對象的貪取和掠奪，例如貪財好色；但是對習近平而言，其所貪戀者是抽象的權力與地位，以及對自己生命的貪生怕死。

貪圖「國家主席終身制」

二〇一八年三月，中共全國人大三千名代表以無異議的方式，投票取消了憲法關於國家主席每任兩屆（累計十年）的任期限制，此舉不僅擴大了共產黨的影響力與控制力，也讓習近平得以「天長地久」的推行自己的獨裁威權體制。這一切——一場延續中國獨裁體制命脈的政治鬧劇——都是習近平幕後操縱的結果。其對權位的無限貪婪，由此可見一斑。

這是中共黨史上一次極其反動的「個人政變」，是習近平「擅權奪位」的具體行動。實際上，除了習近平擺脫任期限制並奪取無上權威之外，他還要求所有人對他的功績與成就表達無限的忠誠與感恩。這項取消任期的修正案，是該次全國人大總計二十一條憲法修正條文之一，其他的條文還要求對習近平表達個人崇拜，表達對習近平在「保黨護黨」方面的偉大貢獻。

國家主席任期制是鄧小平為了避免重蹈「毛澤東個人崇拜」對中共造成的禍害而訂出的規則，藉此限縮國家領導人的權力，以避免人民的不滿與反抗。鄧小平深刻體認到，由於毛澤東權力的無遠弗屆，導致了黨內激烈的權力鬥爭以及對黨內老幹部無情的迫害，乃至爆發號稱「十年浩劫」的文化大革命。然而，習近平將鄧小平訂下的權力遊戲規則，視如敝屣一腳踢開。今日如同毛澤東當年，誰要是敢當習近平權力之路的絆腳石，誰就像當年毛澤東「抄家取命」一樣，受到習近平的殘酷迫害。

習近平對權位的貪婪，徹底表現在他對「終身獨裁制」的迷戀與追求。這是一種通過操縱和竄改憲法以達到他對中國社會的統治，更是通過推翻「鄧小平家法」來順遂他無底深淵的權力欲望。

中國夢：習近平的春秋大夢

除了在國內建立貪圖權位的惡例之外，習近平還有貪圖「國際權位」的狂大野心，以及習近平躋身世界霸主的超強意圖。所謂「中國夢」，不是什麼美夢，而是習近平稱霸亞洲、問鼎全球的帝國大業。這是一種干預全球事務，重訂國際規則，重建「中國治世」（Pax Sinica）的春秋大夢。這場大夢中的最大戲碼就是「一帶一路」。

「一帶一路」是「絲綢之路經濟帶」和「二十一世紀海上絲綢之路」的簡稱。習近平以其作為施展「國際抱負」的戰略工具。習近平把「一帶一路」美化為國際合作計畫，將其描繪成新貿易通路和跨國經濟連結；習近平宣稱，「一帶一路」是共建「人類命運共同體」的「雙贏戰略」。但實際上，所謂「雙贏」是「中國贏兩次」；所謂「人類命運共同體」，結果卻是「人類災難共同體」。在多數的受援助國家中，特別是經濟小國，已經陷入「債務陷阱」而難以自拔。

作為習近平的國際野心，以行賄、收買、掠奪、剝削為手段的「一帶一路」已經日落西山、惡名累累。國際社會已經看穿習近平的虛假面目與偽善行徑。換言之，儘管「夢醒人未醒」，但習近平的國際權位之夢已經完全落空。

貪生怕死，有難不擔的疫情作為

習近平非常怕死，對於「災區視察」一事往往避之唯恐不及。武漢疫情期間，習近平不敢去疫區第一線，僅僅指派國務院副總理孫春蘭前往視察，實則作秀、擺官樣、做宣傳，一路遭到人民的唾罵。然而，一旦疫情減緩，習近平就親自前往疫區，裝出一副體恤民情的假象，實則前去割稻尾、攬功績，甚至宣稱自己的防疫政策成功奏效。即使在探視病人時，習近平也是戴著口罩，隔著電視探看病人。爾後，北京疫情再次爆發之時，習又立刻神隱，躲在西山不敢外出。這種「有難避之、有功攬之」的投機與狡猾，充分證明其既貪戀權位又貪生怕死的脆弱心態。

杜蘇芮颱風：一場「國家謀殺事件」

二〇二三年八月，杜蘇芮颱風襲擊中國華北與東北地區，由於這是一場「人禍加重天災」的悲劇，是一場「可防範卻沒有得到防範」「應作為卻沒有作為」的人禍，我稱之為「國家謀殺事件」。

實際上，颱風固然猛烈，但洪災主因卻是地方官員半夜「掘堤洩洪」所造成的。當洪災發生時，涿州市委書記蔡煒華、河北省委書記倪岳峰主動請纓，宣稱「河北要當好首都護城河」，要保北京、保雄安；實際上根本是「保領導，不保人民」，結果是「高官度假、人民泡水」。這就是「官僚殺人」，也就是「朱門酒肉臭，路有凍死骨」的真實圖像。

在這場巨大的水災中，不僅不見官員防災救難、不見解放軍協助救災，習近平根本無視災民慘況，率領高官前往北戴河*度假，一副人命不關我事的態度。換言之，水災發生時，中共官員想到的第一件事就是「維穩」，而不是「救災」。洪水一來，中共官員立刻上網進行監管、封鎖、屏蔽，甚至斷網，不讓災情的真相外洩。一場水災，讓人看穿了什麼是「中國式社會主義」；一場水災，徹底暴露了中共「視蒼生為芻狗」的本質！換言之，人民泡水死傷，習近平卻神隱度假，這就是他貪生怕死的露骨表現。

貪者，無以遂其欲，難以勸其足。習近平對權位與私命的貪婪已經昭然若揭。其「權高品低」的貪得本性，世人已經了然知悉！

症狀閱讀——解剖習近平的「中國症狀」

「症狀閱讀」（lecture symptomale）是法國哲學家阿圖塞（Louis Althusser）重要的哲學與文學批評概念，這種打破讀者僅僅作為「被動─接受」地位的新概念，被視為一種通過「閱讀實踐」（reading praxis），對「文本」（text）進行精神分析意義上的穿刺工作（durcharbeitung），藉以揭露既有「認識類型」（epistemology）的裂痕與虛偽。

*編按：北戴河位於河北省秦皇島市，是中國國家領導人及中共高層避暑度假之地。

在此意義上，我把「症狀閱讀」視為一種顛覆性的「解讀／解毒」策略，通過精神分析的意識解剖手術，對一份文本及其作者進行「症狀—病理」的分析；這種解讀策略（特別是針對高度偽裝的陰謀性文本），旨在揭露作者（個人或集體，在本文中專指中共）「內隱／變形」的意識形態病理結構。

《立場文件》：中國深層的政治無意識

二〇二三年二月二十四日，俄烏戰爭屆滿一周年。中共發表了《關於政治解決烏克蘭危機的中國立場》（以下簡稱《立場文件》），這篇文件「絕對不是」對俄烏戰爭表達斡旋、仲裁、調和的立場（儘管看起來有模有樣），而是中國國家利益與戰略立場的症狀性表達。

文件發表的目的在於：一方面藉此提升中國「和平天使」的形象（國際公關），一方面通過「戰爭歸責」（西方挑起戰爭）的扭曲性表述，將俄烏戰爭的罪魁禍首歸咎於西方；換言之，這是一份「變焦／模糊」的策略性文本，試圖擺脫中國在國際社會應該承擔的「大國責任」——大國不負責任，也就是通過顛倒「侵略／被侵略」的事實界限，隱藏中國最深層的「政治無意識」（political unconsciousness）——國際價值體系的顛覆者。

美國就是中國的「症狀」

在拉康學派（Lacanian school）的精神分析學中，特別是斯洛維尼亞哲學家齊澤克（Slavoj Žižek）關於「女人是男人的症狀」的討論中——（失敗的）男性從女性身上（通過「厭女」「虐女」等等）尋求療傷與復原，以此治療男性主體的虛位性。

在此意義上，「症狀」（symptom）是指主體失敗的欲望（真相）還原到主體自身的過程；另一方面，「症狀」也被視為主體的「一道創傷」，主體總是不斷透過「搔抓傷口」來彌補主體的無力感與虛無性。準此而論，我認為「美國就是中國的症狀」，中國近代以來積弱不振、外強欺凌的創傷，是撕裂中國民族主體性一道巨大的傷口。於是，仇美、抗美、滅美，成了治療「中國症狀」（China syndrome）的必要過程，藉以尋求中國主體的復原與完整。

「中國症狀」：創傷性報復的「強國症候群」

我所稱的「中國症狀」是一種經過百年屈辱之後急於稱雄世界的「強國症候群」，一種接近躁鬱和強迫的「追霸」——追求霸權——（中國夢），以為只有通過「對抗西方」才可以實現中國的復興。這種症狀具體表現在「崛起」「厲害」「戰狼」等等表述與作為之中，這在習近平治理下的中國，尤其顯得突出、躁進與盲動（中國的「小粉紅現象」正是這種報復情結的表現）。換言之，「中國症狀」是一種民族創傷後的報復性反擊，是一種歷史積壓之下的精神腫瘤；它表現為中國急於上演「王子復仇記」，一齣現代版本的「扶清（中）滅洋」，幻想最終回歸「天朝帝國」的政治家園。

在這種「追霸」過程中，中共認定首先必須超越並擊敗美國，至少要把美國在亞洲的軍事存在驅離出去，實現中國在亞洲「區域霸權」的地位（習近平說過：太平洋很大，容得下中美兩國）；在終極目標上，則必須改造或顛覆現有的「美國治世」（Pax Americana），以「中國治世」取而代之。

「中國症狀」的三個病發期：假中立、暗挺俄、真反美

從俄烏戰爭開打之前到屆滿一周年，「中國症狀」先後經歷了三個病發期：假中立、暗挺俄、真反美。

症狀初期的表現是「假中立」，是對鼓勵俄羅斯入侵烏克蘭的欺瞞與掩飾，所謂「中俄友好無上限」就是一句鼓動暗語或支持訊號，俄羅斯總統普丁（Vladimir Putin）就是在這種「中國鼓勵」之下出兵侵略烏克蘭；繼則在戰爭爆發之後，中國採取「若無其事、與我無關」的裝蒜態度，目的在「靜觀」西方國家對俄烏戰爭的反應和對策，特別是暗中評估西方制裁俄羅斯的效果與持續力。

症狀中期的表現則是「暗挺俄」，也就是通過規避西方制裁的管道，包括民用軍品、轉口貿易、黑市走私等等，以「暗渡陳倉」的手法祕密支援俄羅斯，包括進口俄羅斯石油與天然氣（間接支撐俄羅斯經濟）、提供無人機、民品轉軍用的晶片、武器生產的材料和軍火原料等等。這些「祕援」，增強了俄羅斯的戰鬥意志與後續力，削減了西方制裁的力道與效果；這些暗助與攪局，正是導致俄烏戰爭曠日持久、僵持不下的主因。

症狀末期的表現則是「真反美」，這是「中國症狀」深層病蠹之所在。在俄烏戰爭一周年發表《立場文件》，通過模糊「侵略／反侵略」的界線與標準，將戰爭責任完全歸於美國，例如暗指美國「拱火澆油」、（反對美國的）單邊制裁、長臂管轄等等，一方面為俄羅斯尋找退路或下台階，一方面藉以塑造「美國是戰爭販子，中國是和平天使」的國際認知圖像。

中國症狀的末期：「政治極爽」下的銷魂性病危

我之所以把《立場文件》視為症狀末期的病理表現，是因為「中國症狀」同時也經歷了發燒、發炎、病危三個歷程。當中國發現俄羅斯存有侵略烏克蘭的意圖時，中國立即處於民族主義的發燒狀態，期望俄羅斯發動一場對付美國的「代理（中國）戰爭」；當俄羅斯出現節節失利和戰略敗退之際，中國則在「祕援（俄羅斯）」的過程中表現民族傷口的發炎狀態（擔心俄羅斯戰敗），乃至採取一種「政治免疫失調」之後的宵小行徑；及至末期，當《立場文件》發表乃至症狀潰爛之際，也就是可能面臨西方更勝於俄羅斯的集體制裁之後，「中國症狀」就陷入「政治無意識」中以「悲劇性痛苦」為本質的「政治極爽」（political jouissance）狀態（借用齊澤克術語），這是「理性意識」完全失控和迷失，陷入「國家快樂原則」（借用佛洛依德術語）的銷魂狀態而走向衰亡境地。

對《立場文件》的症狀閱讀

症狀閱讀旨在穿刺文本的缺口、漏縫、間隙、碎片、扭轉、隱義等等，尋找「文本斷層」中的語詞閃爍（閃詞）和邏輯裂口，逐層過濾隱藏在文本裂縫中的真實意圖，重新填寫文本未曾明說（空白）的難言之隱，還原一份「虛假文本」為「真相文本」（文本重構），最終揭穿文本作者隱而不諱的政治意圖。

二〇二三年二月二十五日，《人民日報》發表這份《立場文件》，內容分為十二點，經過我對之進行症狀閱讀，全文看似有模有樣，實則是廢文一篇、廢紙一張。

就標題而言，一般所謂「政治解決」是指通過「談判／協議」達成以和平為目標的停火和止戰。但對於纏戰一年的俄烏戰爭來說，已毫無政治解決的可能。

在國際政治上，「談判」分為三種：

1. **對抗性（contending）**：談判一方運用實力和籌碼壓迫另一方接受協議。
2. **問題解決（problem solving）**：談判一方提出能讓雙方相對滿意的條件而達成協議。
3. **讓步（yielding）**：談判一方選擇妥協而達成協議。

然而，在烏克蘭頑強抗敵、拒不投降，俄羅斯也在動員增兵之下，以上三種談判類型無一適用、毫無可行之道。然而，中共此刻依然提出毫無作用的「政治解決」，就是一種「事後諸葛」的政治話術，目的在榨取俄烏戰爭末期對中國有利的甜頭，一種收割戰果的心理戰術與巧奪策略。

至於所謂「烏克蘭危機」一詞，更是醜惡加投機。在俄羅斯已經「彈洗」烏克蘭一年之久，在布查（Bucha）屠殺平民，以飛彈攻擊烏克蘭核電廠、學校、醫院，持續占據烏東四州領土，並且繼續增兵和雇用瓦格納集團等等；此時此刻，中國還把俄烏戰爭稱為「危機」？（有時甚至降為「衝突」）這一「閃詞」，顯示中國至今堅決不承認「侵略戰爭」的事實，更是中國蒙眼說瞎話、支持侵略、逆反人道的「醜惡立場」。換言之，這就是「中國支持俄羅斯無端侵略烏克蘭」真實立場的表達，一種欲蓋彌彰的投機立場。

至於所謂「中國立場」，這是中國擺出「大國插一腳」的「看客」立場和蹭熱鬧心態，一種自我膨脹的姿態外交。中國自認作為一個「大國」，應該擁有「大型話語權」，應該做出態度、擺出立場。實際上，中國在國際社會可曾有過像樣的立場？如果有，也都是自私自利、以我為主的立場。實際上，世界並不稀罕什麼「中國立場」，因為中國立場始終只是弱肉強食的強權立場。

對《立場文件》的逐條症狀閱讀

在《立場文件》的十二點聲明中，最重要的是「尊重各國主權」（第一點）。文件宣稱：「各國主權、獨立和領土完整，不應採取雙重標準……。」實際上，這正是中國「表面主張單標，自己卻雙標」的症狀所在，也就是一種「隱藏的主權雙標論」。

只講「主權尊重」卻不提「主權侵略」，正是症狀閱讀下出現的「缺口／漏縫／隱義」。通過這道缺口，好讓中國「併吞台灣」的意圖得以從中逃出而免責。換言之，《立場文件》表面上尊重烏克蘭主權，實際上卻只維護俄羅斯主權，其真實意圖是保留未來對台灣——中華民國主權的侵略權力。換言之，當中國進行統一（侵略）台灣時，必定宣稱這是「中國內政—國共內戰—中國特色的特別軍事行動」，要求國際社會必須尊重「中國主權的完整」，但對中華民國主權則完全抹煞和否定。

對俄羅斯侵略戰爭的隱性認可與背書認證

在「屏棄冷戰思維」（第二點）中，文件宣稱：「一國的安全不能以損害他國安全為代價，」「反對把本國安全建立在他國不安全的基礎之上……。」這段文字，是暗中為俄羅斯的侵略戰爭進行卸責、脫罪、洗白和狡辯。文字的「隱義」和「邏輯裂口」就在於「顛倒國家安全的因果關係」，把俄羅斯的侵略經過語詞的閃爍性扭轉之後，說成了「俄羅斯因為受到北約東擴（西方）的安全損害而被迫攻擊烏克蘭」，甚至影射「西方把自身的安全建立在俄羅斯不安全的基礎上」。換言之，中國的真實邏輯是：世界上只有滿足強權的安全之後才能獲得安全，這就是典型的「霸權安全論」。

關於「停火止戰」（第三點），文件宣稱「各方應保持理性和克制，不拱火澆油」「盡快恢復直接對話」。這裡的邏輯裂口在於，中國對俄羅斯的「暗助」，是不是也是「拱火澆油」？在祕密延續俄羅斯戰力上，中國可曾保持理性和克制？

至於「減少戰略風險」（第八點），文件宣稱「應反對使用或威脅使用核武器」「防止核擴散，避免出現核危機」等等。這裡的邏輯裂口在於，中國不正在把自身現有的核彈頭從三百多顆增加至一千多顆嗎？是誰在核擴散？是誰在進行不受約束的核武競賽？

至於「停止單邊制裁」（第十點），文件宣稱「反對任何未經安理會授權的單邊制裁」「有關國家應停止對他國濫用單邊制裁和『長臂管轄』」等等。這就是一種「閃詞／扭轉」，把戰爭責任歸咎於西方（美國）的詭辯論述，醜化「制裁體制」在維護國際正義上的積極作用。

這第二、第三、第八、第十點主張，都是對俄羅斯侵略事實的「隱性認可」，是對俄羅斯非法侵占烏克蘭領土的「背書認證」；其中關於尊重聯合國的論述，更是一種手握常任理事國「一票否決權」，並隨時足以全盤瓦解聯合國決議的虛偽表達。這是中國「抗美援俄」戰略立場的自我掩護，是對西方世界施放和平煙幕彈，目的是迷惑世人，顛覆國際價值體系，藉以緩解中國在國際社會的道德缺位與責任焦慮。

《立場文件》：一篇道貌岸然的國際詐騙

至於其他論點，諸如「啟動和談」（第四點），「解決人道危機」（第五點）、「保護平民和戰俘」（第六點）、「維護核電站安全」（第七點）、「保障糧食外運」（第九點）、「確保產業鏈供應鏈穩定」（第十一點）、「推動戰後重建」（第十二點）等等，盡是廉價的政治修辭，沽名釣譽的形象公關。

依據症狀閱讀，這些論述的「缺口」「漏縫」就在於以美言掩飾蒼白，以空談遮蔽心虛。如果拒不承認俄羅斯的侵略行為，中國有什麼資格奢談「人道危機」和「平民與戰俘的保護」？如果不能分清「侵略／被侵略」的是非界線，中國有什麼立場高談核電安全、糧食安全和供應鏈的穩定？若說「戰後重建」，中國能夠說服俄羅斯對烏克蘭進行戰爭賠償嗎？中國願意出錢協助重建嗎？還是中國根本準備以「基建魔人」的角色介入戰後重建，藉此大發「重建災難財」？

這些主張，都是中國試圖扮演和平天使、人道關懷、公正調和的政治表演——沒有劇情與演員的空白劇本，詞藻絢麗卻華而不實，一種風涼正義與空頭承諾。總結來說，《立場文件》就是一篇道貌岸然的國際詐騙。

第3章 嗔：我嗔故我在！征戍，必須的

何時攻台？習近平「武統台灣」的光譜分析

習近平在中共二十大政治報告中，關於所謂「實現祖國完全統一」的論述，主要在以下的段落：

「我們堅持以最大誠意、盡最大努力爭取和平統一的前景，但決不承諾放棄使用武力，保留採取一切必要措施的選項。」

「祖國完全統一一定要實現，也一定能夠實現！」

「武統台灣」的光譜辯證

所謂「兩岸和平統一」因前景黯淡、機會縮小，在此暫且不論。

儘管各界對於中共二十大之後的「武統台灣」問題，發出了各種「提早」「加速」的判斷，但「武統台灣」並非一個主觀猜測下的一種「倒數計時」的定時爆發問題。這種「武統時機」的主觀判斷，缺乏「可證性事實」（testable facts）的佐證，也缺乏對「政策形成」（policy formation）的「內容分析」（content analysis），以及其中可能產生「政策誤判」（policy of misconduct）的心理分析。

實際上，中共的武力犯台是一項「政策制定過程」（process of decision-making），不是「一道命令」、突襲或「選日子」的問題。在我看來，中共武統台灣是一種從「一定要」到「一定能」的「戰略決斷／光譜辯證」（strategic resolution／dialectics of spectrum）演進過程，以及習近平個人心理一種「認知偏誤」（cognitive bias）所造成的「量變／質變」過程。

習近平的英雄主義躁鬱症

必須掌握習近平的「權威性格」，這是一種封閉、幽暗、專斷、具攻擊性的人格型態，容易造成「只聽愛聽、不聽不愛聽」的閉鎖性格。習是一個好強、愛鬥、求大的大國沙文主義者，其中尤以「愛鬥」（鬥同志、鬥派系、鬥異議、鬥國際、鬥人民）最為顯著。

對於一些「偉大願景」（中華民族的偉大復興、中國夢、祖國完全統一），習近平具有一種至死不渝、堅持到底的固執，對此，我稱之為「烏托邦偏執症」（utopian paranoia），這是一種精神上對於榮譽目標的強迫症，一種對權力的狂熱與崇拜，一種「英雄主義躁鬱症」，其對武統台灣的認知，正是這種偏執與狂熱的表現。

習近平戰略決斷期的「靜態光譜」

下頁圖一是對習近平「武統台灣」靜態性的光譜分析，在此一分析框架上，首先排除習近平對「台灣因素」的考慮（設定為「不變因素」）。依據習近平「祖國完全統一一定要實現，也一定能夠實現」的表述，這裡展開一個從「主觀心理」到「客觀結果」

的光譜歷程。這一歷程對於習近平而言，是一個漸進式的「戰略決斷期」，其所對應的是美國及其盟國互為消長和光譜拉鋸的「戰略猶豫期」，同時也是武統台灣各種軍事手段的「戰術準備期」，內容涵蓋了從「訓練動員」到「全島占領」的推進過程。戰術準備的成熟度，影響了戰略決斷的強度與時機。而在認知圖表（cognitive map）上，則是習近平「權威性格」的體現，也就是從「烏托邦偏執」到實現「大國沙文主義」的全過程。

所謂「戰略決斷」（strategic resolution）是一種對戰爭的理性計算和損益分析，是意志結合判斷之後的政策產出（policy

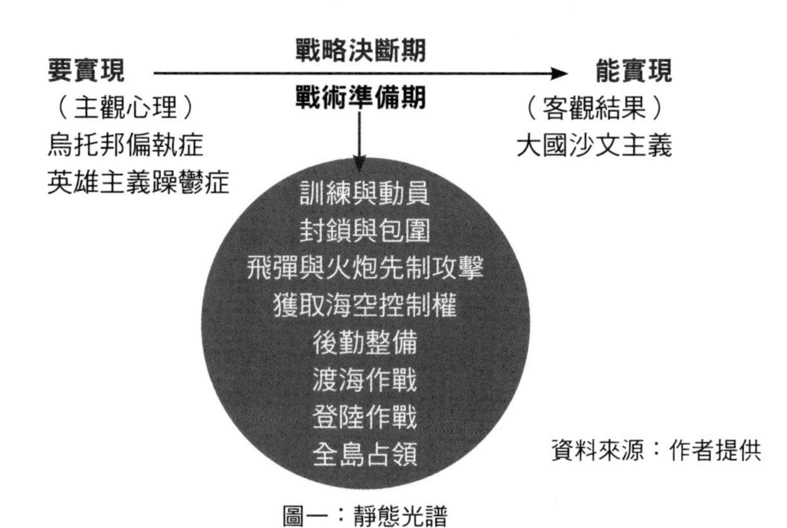

資料來源：作者提供

圖一：靜態光譜

outcome），是國家安全與對外行動的指導原則。但無論理性計算是否充分和周延，其政策取向均以「走向戰爭」為目標，它既是理性的判斷，也是意志力與野心在時間區段上的選擇與能量釋放。

除了「戰略決斷」之外，戰術準備也是重要的評估內容並影響戰略決斷的準確性。在每一項戰術準備中，都彼此涉及專業和複雜的交錯關係。只有在各種戰術項目處於最佳化狀態，才能進入戰略決斷的範疇，成為「正因素」或有效決斷的依據。

習近平戰略決斷的「動態光譜」

然而，圖一只是一種靜態分析，必須

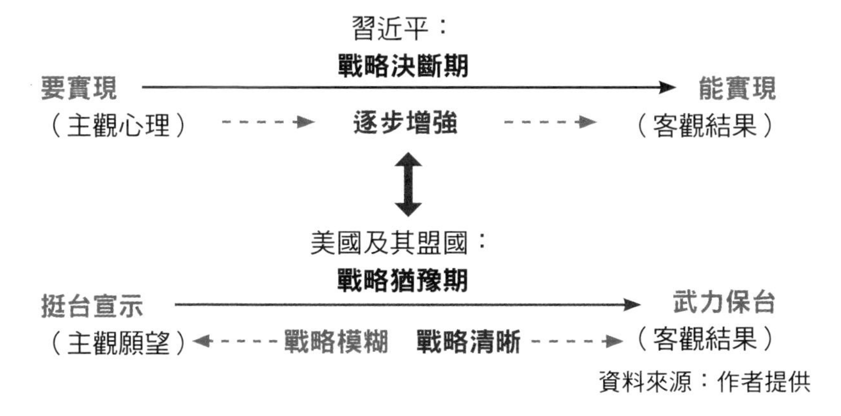

圖二：漸進動態光譜

與美國及其盟友（外力干涉）的「戰略猶豫期」進行辯證互動，才能理解習近平戰略決斷的最後結果。在上頁圖二中，所謂「戰略猶豫期」是從口頭或文件形式的「挺台宣示」到以實際軍事行動進行「武力保台」的過程。之所以會出現「戰略猶豫」，是因為美國及其盟國在「保台」議題上出現國家利益、戰爭損益評估、實質軍事能力高低、地緣政治關聯性，以及與台灣關係深淺程度的各種差異，進而形成政治共識與軍事協作的不一致。然而，相反而言，美國及其盟國也可能出現「戰略決斷期」，也就是從不一致走向一致，這對習近平的戰略決斷會產生重大的制約作用。

習近平戰略決斷的「辯證互動光譜」

下頁圖三則是習近平「戰略決斷」與美國及其盟國「戰略猶豫」的辯證互動關係，其結果至為關鍵。當習近平確認美國及其盟國的「戰略猶豫」處於持續和延長狀態，也就是保台行動的分散與歧異，並且確認中共攻台之際，國際社會處於觀望和戰略模糊狀態，同時又認定自身的戰術準備優於對手，具有「物理戰力」的領先態勢，習近平的戰略決斷期就會縮短並強固。在此狀態下，習近平的「心理戰力」，也就是「烏托邦偏執症」就會出現「極大化」，此時也就是習近平啟動武力犯台，實現其「大國沙文主義」的關鍵時刻。

心理戰力不只是習近平個人的心理特徵，也包括整個「解放軍體制」的心理素質。心理素質包括認同、求勝、犧牲等等屬性，也就是對「國家統一」的認同感，求勝意志的高低，以及是否願意犧牲生命以實現戰略目標。

中共武統台灣絕不是習近平拍腦、搖鈴或突發奇想的侵略行動，更不是「算日子」「圈日曆」的排表操課，因而不存在「統一時間表」的單線論定，而是一種與「外部干涉勢力」互為辯證的光譜演進過

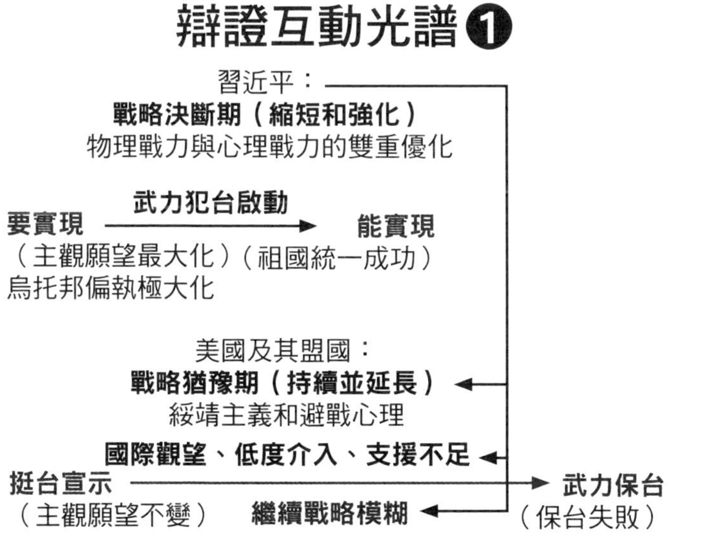

辯證互動光譜❶

習近平：
戰略決斷期（縮短和強化）
物理戰力與心理戰力的雙重優化

要實現 —**武力犯台啟動**→ **能實現**
（主觀願望最大化）（祖國統一成功）
烏托邦偏執極大化

美國及其盟國：
戰略猶豫期（持續並延長）
綏靖主義和避戰心理

國際觀望、低度介入、支援不足

挺台宣示 → **武力保台**
（主觀願望不變） **繼續戰略模糊** （保台失敗）

圖三：辯證互動光譜❶　資料來源：作者提供

程，也就是習近平「戰略決斷」的變化歷程。換言之，當習近平認定外部勢力處於最小化、最弱化、最模糊之際，就是他決定對台動武的時刻。

什麼情況放棄武統台灣？

但是如果美國及其盟國並不持續處於「戰略猶豫期」，反而是隨著習近平主觀願望日趨強硬而轉變為「戰略介入」或「積極干預」，那麼習近平的戰略決斷期就會延長或擱置。如下頁圖四所顯示，當習近平確認其武統台灣將受到國際社會的強力介入和干涉，甚至遭到美國及其盟友的嚴厲制裁和武力反擊，那麼習近平的「祖國完全統一」就會推遲或擱置，台海之間也將繼續維持現狀。

對於中共的武統台灣，美國及其盟國並非總是處於戰略猶豫狀態，也可能自始處於戰略決斷狀態，這取決於中共武統台灣對區域安全、國際秩序、全球經濟、民主價值的破壞程度，尤其是俄烏戰爭的經驗，給予了美國及其盟國在光譜演進上從模糊走向清晰的重大推力。當美國認定一旦台灣淪入中共之手，將「重摔」美國的全球利益，從此失去盟國的信賴與依靠，進而使美國失去全球領導地位，美國及其盟國就不再只是猶豫，而是決斷。

習近平何時攻台？

總結而言，從本文「辯證互動」的分析框架來看，中共武統台灣的時機，也就是完成祖國統一大業的光譜終點，將發生於「第七十五頁圖三：辯證互動光譜❶」的狀況，也就是習近平認定中共軍隊的物理素質與心理素質處於最佳狀態，武統聲浪升高至國家共識，戰術準備已經成熟且精練，混合作戰體系已經就緒；而處於「辯證對立方」的國際社會，陷於綏靖主義、逃避主義與冷處理的立場，處於持續的戰略猶豫並逐步弱化，美國採取觀望或

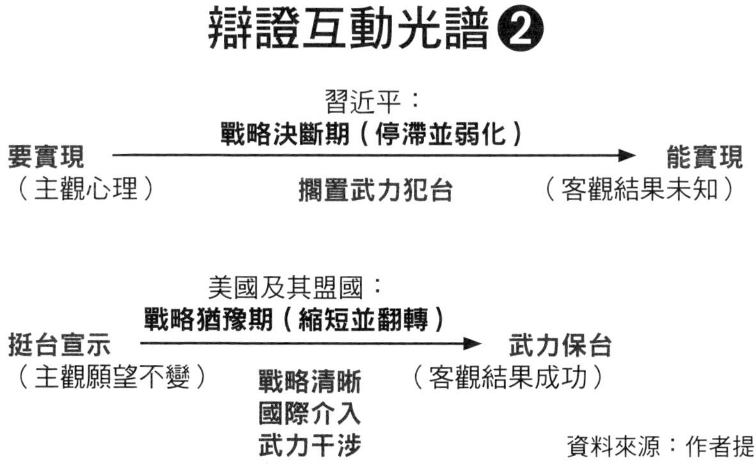

辯證互動光譜❷

習近平：
戰略決斷期（停滯並弱化）

要實現（主觀心理） ————→ **能實現**（客觀結果未知）

擱置武力犯台

美國及其盟國：
戰略猶豫期（縮短並翻轉）

挺台宣示（主觀願望不變） ————→ **武力保台**（客觀結果成功）

戰略清晰
國際介入
武力干涉

資料來源：作者提供

圖四：辯證互動光譜❷

低度介入，乃至「為台而戰」的心理素質低落和戰術馳援不及和不足，最後加上習近平的「烏托邦偏執」處於極大化狀態。以上因素缺一不可，但一旦充實而具備，就是習近平揮軍攻台的時刻。

當然，如果中共在攻台之前就已解體或崩潰，那麼習近平的戰略決斷期將立即終止。

一命保台灣！中共圍台軍演叫醒了全世界

中共於二〇二二年八月持續在台灣周邊海域進行侵略性的圍台軍演，目的在威脅台灣，警告美國。儘管中共一副志得意滿，甚至編造假信息進行自我欺騙，也就是「自己製造勝利」。

但實際上，中共正在自毀原則、自損立場。這場軍演將敲醒世界對「中共惡性崛起」的認識。

中共自己證實了五個事實

圖窮匕現，狐狸尾巴必在最後關頭原形畢露。在這次軍演中，中共自己證實了五個事實：

1. 中共過去常說「中國威脅論」是西方國家惡意炮製和妖魔化中國的陰謀論，但中共現在自己用「真槍實彈」證明了「中國威脅論」是貨真價實的存在。
2. 中共自己證實了所謂的「中國崛起」，既不是韜光養晦，也不是和平崛起，而是「武力崛起」，是一種威脅台海安全、破壞國際秩序的軍事崛起，是一種「惡性崛起」，足以證明中國是全世界的「惡性腫瘤」。
3. 中共自毀「一中原則」。因為在中美三個聯合公報中，「以和平方式解決台灣問題」是中美三公報的「前提」，也是一種「默契」；換言之，只有在這個和平前提下，才有「一中原則」的存在。但中共現在用軍演證明自己背離了這個前提，等於是自己毀棄了「一中原則」。

4. 中共的圍台軍演不僅證實了「台灣有事，日本有事」，而且證實了「台灣有事，世界有事」，因為中共封鎖的不只是台灣海峽，而是占了世界海上運輸量一半以上的國際航道。一旦台灣海峽遭到封鎖，世界經濟必然崩潰。

5. 中共的圍台軍演證明了「兩岸一家親」是一句假話。從此以後，兩岸之間的溝通對話將全部中斷，所有台商不會再相信所謂「惠台政策」，台灣人也不再相信所謂「血濃於水」，兩岸關係將變成「兩岸沒關係」。

中共軍演，全世界的morning call

在中國軍演之前，世界主要國家或許還沉睡在「綏靖主義」的夢境之中。但這次軍演就像一聲響亮的morning call（叫醒電話），叫醒了全世界對中國威脅和侵略本質的認識。

●G7的反應

Ｇ７集團在同年八月四日發出聲明，譴責中共環台軍演可能加劇緊張局勢，破壞地區和平穩定，呼籲中共不要單方面以武力改變地區現狀，應以和平方式解決兩岸分歧。

但中共外長王毅卻反嗆，說這項聲明是「廢紙一張」，說是「混淆是非、顛倒黑白、公然為侵權者張目，反而向維權者施加壓力」。

我們既不知「侵略者」是誰？也不知中共究竟在「維什麼權」？如果Ｇ７的聲明是廢紙一張，那王毅的說法就是「渾話一句」。因為今天到底有那個國家的軍艦逼進了中國的沿海？有哪個國家用飛彈對準了北京？若是因為所謂「台灣是中國的一部分」，很抱歉，台灣人每年的所得稅一直都是繳給「中華民國國稅局」，從來不是繳到北京的財政部，中國的「國務院通知」從來也沒有發到台北來，即使發到了台北，也會被視為「廢紙一張」！

王毅說，有一百多個國家已站出來表明他們堅持「一個中國」的態度，很抱歉，即使有一千個國家表明這種態度，也無法改變「台灣不是中國的一部分」的事實。中國大陸人要來台灣，必須辦一張「入台許可證」，形同於「護照簽證」，否則中國人一步也踏不進所謂的「中國台灣」！

●日本的反應

日本首相岸田文雄也譴責中共，向包括日本專屬經濟區在內的海域發射彈道飛彈，已經構成區域安全的嚴重威脅，也是攸關日本國家安全與人民福祉的重大問題。岸田文雄除了向中方表達嚴厲抗議之外，也要求中共立即停止軍事演習。

中共在一天內連續發射五枚飛彈落入日本專屬經濟區（EEZ），日本自民黨政調會長高市早苗以及防衛大臣岸信夫都提出強烈的批評。這證明了前首相安倍晉三「台灣有事，日本有事」的鐵口直斷，也證明了我曾提及安倍具有「戰略預警能力」的判斷。

●美國的反應

除了澳洲外交部長黃英賢（Penny Wong）批評中共的軍事演習「反應過度且破壞穩定」之外，美國國務卿布林肯（Antony John Blinken）也抨擊中共的軍演「毫無正當理由」，是「挑釁行動的重大升級」。美國國防部當時便宣布，未來數周，美方也將通過台灣海峽進行標準空域與海域過境，符合長期以來捍衛海洋自由與國際法行動。

美國已經做好準備

國際社會對於中共軍演，主要認為中共「反應過度」「沒有必要」「破壞和平」，這都是屬於一種「紙上抗議」或「口頭譴責」，依然還未徹底認清中共的侵略本質和終極野心，目前還看不出實際的反制行動。

以美國為例，我過去寫過許多文章，討論美國「中國政策」的盲點，其中一個最大的盲點是：美國抱持一種「牧羊人主義」，也就是一種基督教理念——帶領一頭迷途的羔羊，走過死亡的幽谷，羔羊就會迷途知返。這是一種「教化主義」，認為中共還是「可教化」。

但是，我們也不可忽略，美國實際上正在採取「誘戰策略」，就是「讓你逼我對你開戰」（兩個被動式）。美國是一個必須遵守國際法的國家，可不像中共一樣能隨便出兵；但是美國在等中共開第一槍，等待取得對中國「開第二槍」的正當性與合法性。

一命保台灣

己之所為，他人亦可為之。美國國家安全會議發言人柯比（John Kirby）於二〇二二年八月五日表示，美國已召見中國駐美大使秦剛表達抗議，並且在記者會中說出了一個關鍵詞：「America has prepared what Beijing choose to do.」（美國已經為北京的選擇做好了準備。）難道這些準備方案中沒有包括開戰嗎？

台海戰爭不同於俄烏戰爭。俄烏戰爭是一場區域戰爭，台海戰爭則是第三次世界大戰。因為烏克蘭只是一個「糧食大國」，雖然也很重要，但台灣則是個「半導體大國」，不可同日而語。如果中共真要開打，我們台灣人就「一命保台灣吧」！

一封來自中共的萬言恐嚇信

二〇二二年八月十日，中共國台辦發表《台灣問題與新時代中國統一事業》，這是繼一九九三、二〇〇〇年以來第三份對台政策白皮書。但綜觀其內容，這不是一份白皮書，而是一篇「萬言恐嚇信」。這封恐嚇信在告訴台灣，這個被中共稱之為「在祖國懷抱中」的美麗寶島，將面臨中共「血的解放」！

武嚇之後再來文攻？

中共或許以為，在一場跨越海峽中線、飛彈穿越台灣上空的軍演之後，台灣人一定嚇得倉皇失措、跪地求饒，以致在軍演告一段落之後，立即發出這封「不投降就受死」的恐嚇信。中共或許以為，在一陣「武嚇」之後祭出「文攻」，台灣必定俯首稱臣、束手投降。

實際上，除了少數依然「沉睡在祖國懷中」的失敗主義者之外，台灣人無不氣定神閒、淡定度日；台灣當局更是應對有節、處變不驚。中共不知，除了自我陶醉之外，沒有人被嚇倒。

兩岸恩斷情絕！

對照先前兩份白皮書，這份恐嚇信最大的亮點就是「和平廢棄論」，也就是先前中共所做出的「兩個承諾」，包括：「中央政府不派軍隊和行政人員駐台」，以及「在一個中國框架內，……兩岸通過協商解決台灣問題」，乃至包括「統一後台灣允許保留軍隊」「司法和有限的國際交往」等等，在這封恐嚇信中全部消失，乃至於刻意強調「民進黨當局是爭取和平統一進程中必須清除的障礙」。這意謂中共已經拋棄「和統」，不再上演和平談判的假戲，其所剩下的唯一選項就是「武統」，一場「留島不留人」的「血的解放」，也意謂兩岸關係已經瀕臨戰爭邊緣與剃刀鋒口，兩岸之間所剩不多的政治信任已經蕩然無存。一句話：兩岸恩斷情絕！

戰狼變厲鬼！

如果再搭配中國駐法大使盧沙野於同年八月三日宣稱，「在拿下台灣後要對台灣人『再教育』」，認為「唯有對台實施『再教育』來清除分裂主義思想，才能反映出台灣民眾對兩岸統一的真實意願」。這意謂中共已準備將「維吾爾種族滅絕」的劇本搬到台灣，要對台灣人進行一場「革心換腦」的靈魂改造，要將台灣二千三百萬人關進大牢，然後高呼「沒有共產黨就沒有如來佛」，如此就能反映台灣人對統一的真心擁護！

中國駐澳洲大使肖千在坎培拉「全國新聞俱樂部」（National Press Club）記者會中聲稱：「我們不排除使用任何手段，但至於是什麼『手段』，你可以發揮一下想像力。」其實，何必如此遮遮掩掩？何必如此欲蓋彌彰？此話就是「統一台灣不擇手段」。君不見，這批戰狼外交官已經不再扮演「戰狼」，而是化身「厲鬼」，一群青面獠牙、陰風四射的殭屍大隊。

還有人會相信「一國兩制」？

在國台辦這封恐嚇信中，居然還老調重彈「和平統一，一國兩制」，並宣稱「願繼續以最大誠意、盡最大努力爭取和平統一」等等。如果要和平統一，那這次的侵略性軍演是在「演戲」還是「作秀」？別再說這種令人頭皮發麻的和平囈語，台灣人根本不會相信，全世界也沒有人相信，只有中共自己相信。

當台灣人在電視螢幕上看見香港民主人士在街道上遭到警察拳打腳踢，看見媒體人黎智英被手銬腳鐐逮捕時，台灣人不僅怵目驚心，而且瞬間頓悟，原來中共所承諾的「一國兩制」就是這幅畫面！實際上，中共從來就沒有「和平統一」這一真實主張，「和統」只是一種假象，「武統」才是真正的手段。因為兩岸的制度根本不可調和，道不同不相為謀；「一國兩制」只是一種「半統一」，中共最終只能接受「全統一」，也就是以中共的制度取代台灣的制度，這一真實面目已經圖窮匕見、水退石出。

中共對聯大二七五八號決議的篡寫和編造

在這封恐嚇信中唯一尚有理性討論空間的，就是關於台灣的法理地位問題。恐嚇信引述第二十六屆聯合國大會二七五八號決議，宣稱「這一決議不僅從政治上、法律上和程式上徹底解決了包括台灣在內全中國在聯合國的代表權問題，而且明確了中國在聯合國的席位只有一個，不存在『兩個中國』『一中一台』的問題」。但事實並非如此。

聯大二七五八號決議雖然承認中華人民共和國政府為中國駐聯合國唯一合法代表，但這一決議既沒有提及「台灣」（Taiwan）一詞，也沒有提及「台灣是中華人民共和國一部分」的說法；「代表權」不等於「主權」，二七五八號決議並沒有表達「代表權可以覆蓋主權」，也沒有授權中華人民共和國「有權」代表台灣。換言之，台灣只是「退出」聯合國，並沒有「併入」中國。這證明從來就不存在「台灣是中國內政問題」的說法，也不存在「台灣是中國一部分」的定論，這一切，都是中共的片面之詞、狡辯之說，是中共對聯大二七五八號決議的篡改和編造。

海峽，一艘滿載的仇恨！

在這封恐嚇信發表之後，台灣海峽不再是詩人余光中筆下「一彎淺淺的鄉愁」，而是「一艘滿載的仇恨」！兩岸之間已無政治談判與和平共處的空間，只有兵戎相見的地步。這是中共政權對五千年中華智慧的羞辱，是中共對人類文明價值的踐踏。

美國懶惰，中國勤勞——中美戰略思維的差異及其後果

美國卡內基國際和平基金會（Carnegie Endowment for International Peace）高級研究員陶申德（Ashley Townshend）和國際戰略研究所（International Institute for Strategic Studies）亞洲區執行長考伯垂（James Crabtree），於二〇二二年六月在《紐約時報》（*The New York Times*）聯合撰文，指出美國在亞洲正在失去軍事優勢，而中國清楚知道這一點。文章指出，由於預算不足、優先事項相互競爭，以及如何應對中國問題上缺乏共識，美國試圖重振印太軍事存在的計畫一直受到延宕和阻礙。

另外，華盛頓智庫「二〇四九計畫研究所」（Project 2049 Institute）資深主任易思安（Ian Easton）在最近出版的新書《最後的鬥爭：中共全球戰略大揭祕》（*The Final Struggle: Inside China's Global Strategy*）中，指出中國長期以來一直對美國進行一種「靜默的侵略」（silent invasion），而美國至今依然幻想與一個被自己認定為種族滅絕的國家做生意，是一個不可思議的怪象。以上兩個預警式和評估性的觀點，均在警告中美在亞太戰略的天平上已經出現失衡。

美國對於「中國威脅」認知有餘、行動不足

美國的戰略思維不同於中國，猶如牛車對上高鐵。基於軍事上的前沿優勢和霸權自信，以及一種「基督—教化」的文化傳統，美國對於中國這一史上最陰沉之戰略對手的威脅性與破壞性，雖有充分認知，但缺乏與之匹配的反制行動。美國認為中國的威脅雖然明確，但並不緊迫，認為中國的軍力雖然急速竄升，但仍不足以和美國一決高下，因而在對中政策上總是口頭嚴厲、行動遲緩，總是研究太多、決斷太少，總是理論太多、實踐太少。似乎只有危機真正爆發之際才叫緊迫。這就是易思安所說的，由於警覺不足和掉以輕心，所以中國的「靜默侵略」得以摸黑偷襲，乃至於全面滲透美國、牽制美國。

美國面對中國威脅的各種作為，多屬倡議、框架、草案、報告、聽證、演說等等，修辭多於對策、宣示多於行動、象徵多於實質，也就是名不符實。這種拖延慣性，源自於美國一種「國際家長主義」的意識，認為美國一言既出，世界就會言聽計從；實際上，中國對美國的「修辭性戰略」，採取的是戰略上藐視、戰術上瓦解的策略，久而久之，在一種「修辭疲勞」之下，美國就無計可施、不了了之。

雖然「對中強硬」是美國兩黨難得的共識，但國會的聲音往往沒有如實反映在行政部門劍及履及的作為上。實際上，美國也有官僚主義和形式主義，對於來自國會的聲音往往虛與委蛇、敷衍應酬。這就使得美國的對中政策始終停留在「紙上作業」（paper working），難以產出堅定有力的對策。

中國已經向美國間接宣戰

中國先後對澳洲和加拿大軍機進行蓄意的逼近和攔截，惡意重大。但美國認為這只是一種「不專業的危險行動」，抗議即可。殊不知這是中國「為了走火、不惜擦槍」的挑釁，是中國「逼你開槍，以便開戰」的準備。二〇二二年六月十五日，習近平在與普丁的通話中，無視美國一再警告，依然宣稱中俄雙方將在主權、安全等核心利益和重大關切問題上相互支持，這不只是「相互取暖」，而是聯合抗美。近日中國宣稱台灣海峽不是國際海域，中國對台海享有主權，未來還將採取「報備核准制」，也就是其他國家想要進入台灣海峽，都必須事先通報中國並經核准後才放行。這種「將台灣海峽劃入中國內海」的宣示，不僅是對台灣主權的涵蓋式併吞，其擴張中國專屬經濟區的管轄權、解構美國「自由航行」和國際「無害通過」的原則，並限縮和阻止美國在西太平洋的活動，實際上等同於對美國間接宣戰。

從地緣政治來說，中國與索羅門群島建立安全聯合協議，在柬埔寨「雲壤海軍基地」（Ream Naval Base）建立專屬專用的海軍基地，未來若成功奪取台灣，這就從「台灣—南太平洋—南海」建構一個三角形的海洋勢力範圍：從台灣到索羅門的「右斜線」可以作為瓦解美國第一島鏈的戰略前沿；從索羅門到柬埔寨的「左斜線」則用來牽制澳、紐和東協國家；從柬埔寨到台灣的「上斜線」，搭配中國早已軍事化的南海島礁，則用來控制南海至東海的海路咽喉，進而牽制日本與韓國。如此一來，等同於美國在太平洋的勢力範圍被挖空，戰略結構被切割，這將使美國不僅喪失「海上領土」，也將拱手讓出亞洲領導權。

中國的「靜默侵略」與「暗黑戰術」

中國的戰略思維與美國截然不同，以對策取代修辭，以行動超越宣示。在過去的十年間，中國採取「張冠李戴」的策略，利用（職業）學生留美、學術合作與文化交流（千人計畫和孔子學院），以及內含在商業上各種合資、入股、併購、技術合作等等政治間諜活動，乃至在國際組織上收買人脈、搶占席位等等，都是一種乘隙、摸黑、暗地的「靜默侵略」，一種既不透風也不透氣的「暗黑戰術」，試圖把全球經濟與地緣政治重心扯離美國，拉向中國。

這裡所謂「靜默」，是指不動聲色、無聲無息，藉以鬆懈敵人的警戒，軟化敵人的意志；這裡所謂「暗黑」，是指以善意偽裝詭計，以合作包裹陰謀。換言之，中國採取的是一種趁人酣睡在黑夜裡「掘地挖牆」的戰略，美國在多年以後才警覺中國這種「乾坤挪移」的危機，發現其對國家安全造成嚴重威脅，但是在亡羊補牢之際，才知竊賊已經坐大，傷害已經造成。

美國懶惰，中國勤勞

美國的「陽光」對比於中國的「暗黑」，也就是美國的懶惰對比於中國的勤勞，已在亞太的戰略天平上出現了傾斜。正如易思安提出警告，美國未來是否持續保有世界領導地位，取決於與中國的「最後一場戰役」。

然而，易思安對於美國依然想和一個種族滅絕國家進行交往、貿易與合作，感到離奇和怪異，我個人對於美國至今對台戰略究竟應該維持模糊還是轉為清晰依然舉棋不定，也感到疑惑和不解。對比中國對台灣的堅定圖謀和美國對台灣安全的模棱兩可，中美在亞太戰略天平上的主客易位並非偶然，而是其來有自。

失速危機 美中進入「核對抗」

就在中共二十大閉幕後，也就是習近平發出中國將加強戰略威懾力量（通常就是指核武器）的訊息之後，處於持續惡化的美中關係再度升級。二〇二二年十月二十七日，美國國防部以審慎而認真的態度，合併公布了《二〇二二美國國防戰略》（*2022 National Defense Strategy*，*NDS*）、《二〇二二核態勢評估報告》（*2022 Nuclear Posture Review*，*NPR*）以及《導彈防禦評估報告》（*2022 Missile Defense Review*，*MDR*）三份報告。這三份報告，儘管並沒有忽略俄羅斯和北韓，把中國的威脅暫稱為「慢速挑戰」（pacing challenge），但就其優先的戰略對手而言，三份報告不僅為中國量身訂製，也標明美國的核戰戰略出現史無前例的改變，預示美中關係已逐步進入「核對抗」的地步。

美國對中國「核威嚇」的戰略轉變

在《二〇二二美國國防戰略報告》中，美國確立了「四個頂級國防優先事項」（four top-level defense priorities），也就是戰略遏制的優先目標，分別是：

1. 應對中華人民共和國日益嚴重的多領域威脅。
2. 阻止對美國、盟國和夥伴（the United States, Allies, and partners）的戰略攻擊。
3. 優先考慮中國在印太地區的挑戰，然後是俄羅斯在歐洲的挑戰，美國必須在針對兩者的衝突中獲取勝利。
4. 為了對付四個主要核威脅國家（中國、俄羅斯、北韓、伊朗），美國將構建具有韌性的聯合部隊和國防生態系統，也就是「四位一體」的戰略威嚇系統。

在二〇一〇年首次發布的同類報告中，美國尚且致力於大幅削弱核武器在美國防禦中的作用。但此一時彼一時，當中國的威脅急速增大之際，美國今日已表明優先準備以核武對付中國。

其次是《二〇二二核態勢評估報告》，重點有三：

1. 不排除放棄「不率先使用核武」（no first use）的承諾，取消美國僅能將核武使用於「核反擊」（第二擊）的限制。
2. 美國的核打擊範圍不再限定於「核領域」，也擴大於「非核領域」，也就是美國可以運用核武對付傳統戰爭（當然也包括台海戰爭）。
3. 美國的核打擊對象包括對美國本土、海外美軍基地及盟國的威脅與攻擊，也就是擴大美國的核打擊範圍，形成全球核打擊網。

自冷戰以來，美國始終採取「軍控三步驟」——減核、限核、廢核的方式，以避免軍備競爭與核子大戰。儘管「廢核」目標始終並未達成，但美國向來採取「核對話」的外交談判，避免核大國之間陷入「核武困境」（不透明與失控）。毫無疑問，這三份報告旨在對中國宣示，美國即將建構一套針對中國的「核打擊戰略」，而且是「先發制人」的核打擊系統，也意謂美國已經從過去核戰的「保證相互毀滅」（mutual assured destruction），進展到「保證你先毀滅，而我安然無恙」的戰略新思維。

中國不誠實的「核武告白」

早在二〇二〇年一月，中國外交部就明確宣稱，中國方無意參加所謂「中美俄三邊軍控談判」，及至二〇二二年十月二十八日，中國裁軍大使李松在聯合國大會裁軍與國際安全委員會上指控美國的《二〇二二核態勢評估報告》，是明目張膽針對中國量身定制的核威懾戰略。儘管中國宣稱擁有最多核彈頭的美國，應率先負起裁減核武的責任。但實際上，中國刻意轉移了軍控問題的重點：軍控問題不在於核彈頭數量，而是如何在核大國之間建立信任機制、透明法則與避險措施。

儘管中國將自身的核武擴張稱為「核武現代化」，並宣稱始終把核力量維持在國家安全需要的最低水準之上，中國不與任何國家開展核軍備競賽云云。但這種說法始終無法說服國際社會，更難以建立「核信心機制」。因為中國「超速增量」核子彈頭的作為，以及具有特定針對性的核武部署（例如中國火箭軍位於安徽黃山的第六十一基地，就是針對攻擊台灣而設），難以用「核武現代化」此一從未聽聞的詭辯之詞來掩飾，也無法以「不開展核軍備競賽」的「司馬昭之心」來搪塞。

中國核軍備的「不透明擴張」

美國國防部於二〇二一年底發表中國軍力報告指出，解放軍擁有的核彈頭將從現行的三百五十枚於二〇二七年增加到七百枚，至二〇三〇年更將突破一千枚。然而，中國始終以美國擁有更龐大的核武庫為由，長期拒絕與美國舉行「軍控談判」。近兩年，面對美國不斷促請中國參與軍控談判，中國早在二〇二〇年一月二十二日就已公開表示，中方無意參加所謂的「中美俄三邊軍控談判」，並指控美國藉由軍控談判逃避和轉嫁自己的裁核責任。時至二〇二二年十一月，美國負責軍控事務的副助理國務卿貝爾（Alexandra Bell）指出，美中兩國始終沒有就核談判進行接觸，理由是中國對討論削減核武器威脅的措施沒有興趣。此一「了無意願」的舉動，更加深了美國對中國暗中發展核武的疑慮與戒心。

美國國防部負責核武器的副助理部長理查．詹森（Richard Johnson）認為，即使中國無意於軍控談判，至少也應接受「國際原子能總署」（IAEA）的檢視和評估，以展現透明度與公開化，但中國始終拒絕此一作為。換言之，中國堅持一種「自私的核武戰略」，只圖不受拘束、不自證清白、不公開與不透明的黑箱擴張政策。

中國目前已經建造完成兩座「快速中子增殖反應堆」（fast breeder reactor）和「（核燃料）再處理設施」（reprocessing facilities），用來分離可裂變的鈽（plutonium）同位素，由此產生更多用於核武器的鈽原料。然而，中國從未證明這些大量的裂變材料只是用於「非軍事用途」。實際上，無人相信中國僅僅存在「民用核技術」，例如核能發電，而不是暗中擴張劍指美國的戰略威嚇力量。

從「保證相互毀滅」到「保證中國毀滅」

美中關係從「戰略競爭」進入「核對抗」的年代，已是時間早晚問題。一方面，中國正急速擴張核武力量；另一方面，美國也從「初級核威嚇」進展至「核威嚇二·〇版」，從過去的「恐怖平衡」進展到「恐怖不平衡」，從區域性的「核子傘」進展到全球性的「核打擊網」（核子網），也就是從「保證相互毀滅」到「保證中國毀滅」。這包括台灣作為美國的「夥伴」（partner），即使中共武力犯台採取的是非核戰術，美國也不排除對中共執意入侵台灣進行核武打擊。

一般人認為，世界發生核戰的機率微乎其微，但是「不是萬一，就是一萬」，只要美中雙方處於「核對抗」與「核安困境」（dilemma of nuclear crisis）的僵局之中，在一種核不信任與不透明的戰略互疑之下，核對抗就有可能在一夕之間突然升高為核大戰。換言之，只要中國完全不理會軍控對話，不參與避險協商，乃至暗地進行「不透明、不受檢、不協商」的核武擴張政策，就會始終處於美國「核子第一打擊」（the first strike）的籠罩之下。

在美國的《核態勢評估報告》中，最關鍵的一段話是：「我們的目的是防止中國錯誤地斷定它可以通過使用任何核武器獲得優勢，無論是多麼有限的使用」，這是一種對中國「核圍堵」的明確表態。實際上，中國是《不擴散核武器條約》（*Treaty on the Non-*

Proliferation of Nuclear Weapons，NPT）的簽約國，與美國具有相同義務承擔的承諾，也沒有任何條文規定中國可以不參加。但中國如果持續拒絕軍控對話，暗地擴張核武軍備，一種美中核子對抗的極端情勢，乃至一場終極核戰的爆發，將是中國未來最大的十大危機之一。

第4章　痴：痴人中國夢

中國為什麼反對「民主峰會」？

台灣受美國之邀參加二〇二一年十二月舉行的「民主峰會」（Summit for Democracy），消息一出，立刻引起中共的猛烈抗議。中國外交部除了一連串抨擊美國挾民主之名，推進地緣戰略目標、打壓他國、分裂世界、服務自身、謀取私利的意識形態對抗，宣稱中國才是最民主的國家之外，也攻擊台灣受邀參加是「倚美謀獨」。

務實而言，參加「民主峰會」的一百一十個國家，不全都是「主權國家」（sovereign state）或政府，還包括地區領袖、公民社會組織、慈善事業等等「國際行為者」（international actors），換言之，參與者的資格不是以政府身分或外交承認為前提，議題範圍也不只是「意識形態問題」，而是涉及媒體自由、公正選舉、公民素養、保護性別與弱勢群體、科技民主等等普世議題。與其說「民主峰會」主要是在製造戰略對抗，不如說是打造一個「民主價值網絡」，以促進「深層民主」，追求一個高於民主之上的人類價值。

中國怎麼可以不受邀請！

中國對於遭到排除而猛烈抨擊的反應，首先是出自一種「酸葡萄」心理。中國作為一個大國、強國、厲害國、戰狼國，怎麼可以不被隆重邀請參加帶有「峰」（summit）字的會議呢？哪怕前面冠名的是「葡萄酒」（峰會）還是「化學肥料」（峰會）！若說到「民主」，我們習主席不是說了：「中國的『全過程民主』才是最民主、真民主的！」因為顧名思義，「全過程」當然優於美國的「半過程」，中國的民主是「講過程」，美國的民主只是「看結果」。換言之，中國的「全過程民主」是世界上最優質的民主，怎麼可以不被邀請參加這種僅僅是「低端民主」的峰會呢？怎麼可以不被歡迎、歡迎、熱烈歡迎呢？世界各國怎麼可以如此無知！不知道只要帶有「中國特色」的，就是世界最好、最優、最棒的！

特別是在兩岸關係緊繃之際，美國怎麼可以只邀請台灣而不邀請中國呢？台灣不過一個蕞爾小島，是中國領土的「一部分」，美國怎麼可以只邀小弟不邀大哥呢？況且，台灣實行的是「台獨式民主」，不是大哥規定的「全過程民主」，台灣參加只是想「倚美謀獨」，美國怎麼可以如此有眼無珠，乃至於魚目混珠呢？

中國的「戰略焦慮症」

然而，全世界都知道，中國道道地地不是一個民主國家。但中國為何又如此氣急敗壞？

中共真正擔憂的，是美國以「民主」之名、行圍堵中國之實，也就是美國集結一百一十個國家和組織（超過世界半數以上）對中國進行「揪團包抄」，這就引發了中國的「戰略焦慮症」。實際上，若說美國毫無建構「民主大聯盟」以對抗中國的意圖，那也未必。從參加的國家來分析，美國選擇邀請的對象標準有兩個：「民主素質」與「戰略關係」。例如匈牙利、越南與泰國，雖具戰略價值，但因民主素質太差，所以沒有受邀；

土耳其雖是北約同盟國，但由於民主素質明顯倒退，加上外交上傾向俄羅斯，所以被排除；波蘭、伊拉克、印度及菲律賓四國，雖然也出現民主倒退，但因戰略地位重要（波蘭能圍堵俄羅斯，伊拉克位居中東關鍵地位，印、菲則因具有印太戰略價值），所以受到邀請。至於新加坡雖是民主國家，但因為戰略上過度親中、立場搖擺而被排除在外。

真正讓中國感到戰略焦慮的，應是國際社會與台灣越走越近，台灣卻與中國漸行漸遠。繼二〇二一年十一月九日美國參議員柯寧（John Cornyn）率團訪台後，十一月二十五日美國聯邦眾議院「退伍軍人事務委員會」主席高野（Mark Takano）再度率領跨黨派眾議員團訪台。從立陶宛十一月二十八日「台灣辦事處」正式掛牌，到波羅的海三國（立陶宛、愛沙尼亞、拉脫維亞）國會議員訪台，參加十二月二日至三日在台灣舉辦的「二〇二一年開放國會論壇」，乃至大洋洲國家索羅門發生抗議政府「棄台抱中」政策而發生「排中暴動」，加上日本宣布美日兩國將在二〇二二年一月舉行外交部長及國防部長的「二十二安全會議」，會議即以台海安全為主題，並加強美日同盟對中國的軍事威攝。短短三個月，台灣成為國際社會接踵而至的「政治景點」，這種「遠中近台」的戰略變化，看在中國眼裡，當然不是滋味，甚至暴跳如雷。

這次的民主峰會，美國對於台灣的參與給予高度支持和肯定。據英國ＢＢＣ報導，美國國務院一位發言人指出，時任駐美代表蕭美琴和科技政委唐鳳的出席，展現了台灣在透明治理、人權與對抗假訊息等議題上的「世界級專業知識」。尤其台灣在發展防範假訊息與外國干預、利用新興科技讓政府治理變得更透明及更能回應民情，以及在促進與保護LGBTQI*、性少數（sexual minorities）與人權問題上，都位於全球前沿。

如此讚美，中共怎堪忍受？

美國建構對中國「半個地球」的包圍戰略

「民主峰會」是美國以一個高於民主的價值體系，藉之進行對抗專制的戰略環節，也是一場西方國家與中國進行「軟實力」的深層對決。一旦「民主峰會」運作成功，而

*編按：LGBTQI為各種性傾向與多元性別的的英文首字母縮略字。包括女同性戀（Lesbian）、男同性戀（Gay）、雙性戀（Bisexual）、跨性別者（Transgender）、酷兒與疑性戀者（Queer）與雙性人（Intersex）。

且年年召開，就可能形成一種「民主大聯盟」，乃至回應美國總統拜登所稱二十一世紀中美競爭是一場民主與專制的較量，那麼中國就可能面臨從北大西洋（波羅的海）穿越印度洋，再連結到印太地區北方的日本與韓國，所形成的弧形包圍戰略。

如果再加上二〇二一年十一月十七日美國國務卿布林肯的非洲訪問之旅，試圖削減中國在非洲的影響力，導引非洲國家轉向美國，如果奏效，美國極可能就此建構一個劍指中國「半個地球」的包圍圈，形成史上空前的、專門針對一個國家的大圍堵戰略。

失速危機 經濟寒冬冰霜雪降

中共二十大之後，在習近平政治安全高於經濟福利、保黨高於利民的「治國理政」之下，當前中國大陸正面臨「多發性經濟風暴」的慘綠局面。從大量失業、企業裁員、商家倒閉、消費萎縮、外貿下降、順差萎縮、股市下跌、金融脫序、財政虧空、外企撤離、外資流出、人民幣貶值到外匯流失……不一而足。以上種種，將宣告中國不再崛起，中國夢已成午夜驚魂，共同富裕只是畫餅充飢，最終將走向共同貧困。然而，至今為止，中共當局只顧「保紅色江山」，只顧一人集權，完全無視當前與未來的經濟危機，也無意提出任何有效的解決方案。

總體經濟陷入谷底

從總體經濟面來看，世界主要的評價機構對中國經濟增長的評估，全部看壞和下修。「世界銀行」（World bank）曾預測二〇二二年中國大陸經濟增長將由去年的八．一%急速下跌至二．八%，「國際貨幣基金組織」（IMF）將中國二〇二二年經濟成長預期下調至三．二%，《路透社》（*Reuters*）調查預測，二〇二二年中國全年經濟成長率將下降至三．二%，遠低於五．五%的官方目標，是近半世紀以來最糟糕表現。

據「彭博經濟研究」（Bloomberg Economics）預測，中國經濟未來十年平均增長率為四．六%，十年內難以超越美國成為全球最大經濟體。在上述數據中，即使比較樂觀的估計，也沒有超過五%。「牛津經濟研究院」預計，未來十年的GDP年均增長率將從一九九九至二〇一九年的平均值減半至四．五%，並在之後的十年放緩至三%，這將使中國的人均GDP在二〇四〇年降至美國的三分之一以下。

當前，中國各項經濟數據全面下滑，僅以「財政空虛」和「貿易萎縮」來看。根據中國財政部公布的數據，二〇二二年上半年三十一個省市自治區全部財政赤字，就連上海的赤字也高達十八億人民幣。以河南省為例，二〇二二年上半年收入僅二千三百六十二億人民幣，開支卻高達五千七百三十二億，財政吃緊相當嚴重；即使財政收入第一大省的廣東省，財政收支差距也接近三千億人民幣，財政自給率低於七〇%。日本「野村證券」初步估計，習近平的清零政策已經打擊了中國一二%的GDP。

另依據中國《海關總署》二〇二二年十一月七日公布十月進出口數據，其中出口金額年減〇．三%，進口年減〇．七%，進出口都是二年多來最慘的狀況。進出口的衰退，必將使習近平所謂「內外雙循環」的構想，完全落空。

青年失業創歷史新高

失業問題是經濟情勢的溫度計，也是所有經濟危機的後果表現。

一個案例顯示，在北京一份月薪一萬元人民幣的工作，一天之內就收到超過一千份的求職信，這種「求職無望」的案例可謂不勝枚舉，這顯示中國已出現嚴重的就業問題，形成所謂「失業大軍」。依據「國家統計局」二〇二二年八月分的統計，中國的整體失業率為五．三％，其中十六至二十四歲人口調查失業率高達一八．七％；有些專家甚至斷言，這是一個掩飾危機、低報造假的數據，實際的失業情況應達到三〇％左右。未來在長期GDP低度增長的趨勢下，失業問題將繼續處於高檔狀態。

一部在YouTube上稱為〈普通百姓聊真實的中國〉的影片中，揭露了中國百姓這幾年的辛酸血淚，許多年輕人露宿街頭、居無定所，因為沒有一份正職工作，無法負擔房租。還有能力的就搭帳篷睡在河堤旁，更慘的是一個水桶就裝滿家當，睡在公園、大街上，不時還會因為擾亂市容而遭警察驅趕，多數中國青年正處於抑鬱、茫然、無助的境地。

然而，在基本的經濟結構處於政治意識形態的扭曲與擠壓之下，中共政局對於解決失業問題可謂舉措無方。一般而言，暫時性解決失業問題的補救方式就是救濟與補貼。但是中國的養老體系和醫療體系長期不健全，「醫療保險基金」在清零政策下被淘空，處於失血狀態；養老基金處於杯水車薪的窘境，根本無法減緩失業問題。

外資告別中國

自改革開放以來，外資與外企始終是創造中國崛起的因素與動力。人們原本期望中共二十大之後將放寬清零政策，但中國國家衛生健康委員會（簡稱衛健委）於二〇二二年十一月五日再度強調堅守動態清零不動搖，這一宣示，吹起了外資與外企決心撤離中國的號角。

依據中國商務部統計，二〇二二年一月至八月中國實際利用外資金額為一千三百八十四億美元，但扣除從香港「回投中國」的資本（占三七％），實際利用外資不到一千億美元。據國際金融協會（IIF）統計，外國投資者在二〇二二年十月分從中國市場撤資規模達到八十八億美元；此一統計還顯示，外國投資者的股票投資組合資金外流達七十六億美元，債券市場資金外逃十二億美元，至二〇二二年十月，中國市場有大約一千零五十一億美元的資金流出。摩根士丹利（Morgan Stanley）也指出，中國的債券市場在二〇二二年面臨二十多年以來的首次外資撤離潮，總規模超過千億美元。

在外企流出方面，根據中國歐盟商會（EUCCC）二〇二二年四月的調查，有二三%的歐洲企業考慮將現有或計畫中的投資從中國移出，此一外移比例，創下十年來最高紀錄。另據上海美國商會（ACCS）於同年六月的調查顯示，有四四%的外籍製造商已經減少或延緩在中國的投資，有三三%的廠商正將部分工廠或全球產品供應鏈移出中國。以三星、東芝、蘋果等為代表的外資企業為中國創造了近五〇%的對外貿易的規模，但是習近平堅持的清零政策，已使許多國際廠家已經無法續留中國，它們選擇搬走或準備離開。

總體而言，未來中國已不是外資投資的首選，中國市場的吸引力和獲利率將大幅下降，出現一種「外資空洞化」與「外企空巢化」的失血局面。這對一向依賴外資、外企、外貿來支撐經濟增長的中共而言，將是一場深重的打擊。

國有經濟惡靈再現

為了推進習近平「國進民退」的路線，中國再度出現國有經濟回潮的惡夢。二〇二二年九月以來，中國開始出現國有企業入主民營企業的消息。「中國移動」與「京東科技」簽署了戰略合作協議，「中國聯通」與「騰訊」成立了「合營企業案」，各種國企電信也與民營網路科技公司進行所謂「公私合營」。

實際上，「公私合營」一詞又是中共一種偷換概念的政治詭辯。一般所謂「公私合營」又稱「公私夥伴關係」（public-private partnerships，PPP），是指公部門以招標或委託的方式引入私人資本，進行在基礎建設或公益事業領域的合作經營，是一種「市場經濟社會化」的協作關係（collaboration），其好處是把私人資本引入有利於社會公益的方向，例如「台灣高鐵」就是採取BOT的公私夥伴模式。絕不是中共這種公部門強制介入私營經濟，強制入股並干預經營權、掠奪私營企業的利潤，將私營（個體所有）改成國營（國家所有）的做法。換言之，中共的所謂「公私合營」實質上是一種「土匪經濟」，一種對私營經濟的侵占與掠奪，不是一般所謂的「公私夥伴關係」。

在習近平的腦子裡，根本沒有自由競爭、市場機制、商品經濟、私有財產、知識產權等等概念。像馬雲、馬化騰、劉強東等人，在西方被視為「創業企業家」，但在習近平眼中，卻是「無產階級的吸血鬼」，正是這些人造成了「資本的無序發展」。習近平的思想就是一種「紅色經濟」「延安精神」「窯洞政治」，所以即使像特斯拉（Tesla）總裁馬斯克（Elon Musk）這種人，在中國也一樣被割韭菜。

供銷社：農業集體化儲糧備戰

近兩年來，中共開始在地方各地成立「供銷社」以及「社區食堂」。「供銷社」是毛澤東「農業集體化」（合作化運動）統購統銷制度的產物，是中共歷史上左傾機會主義*的悲劇結果。

從經濟學角度來看，供銷社的成立是為了應付「短缺經濟」。在生產不足或供需失調情況下，政府介入生產、流通、消費領域，以「調配性供給」的方式，降低整體消費水平的情況下，在滿足多數人「基本溫飽」的情況下，讓多數人可以維生。但中共現在既無糧食短缺，也沒有通貨緊縮，所以不是一種「應變措施」，而是一種為未來的某種

*編按：左傾機會主義是無產階級運動或政治團體中，產生一種違反馬列主義原則、只圖暫時利益而犧牲無產階級根本利益的政治思潮。

情勢預做準備。為了什麼情勢呢？就是為了「戰爭體制」做準備。

二〇二二年十一月八日，習近平視察了「中共中央軍委聯合作戰指揮中心」，並以「軍委聯指總指揮」身分，強調全軍「全部精力向打仗聚焦」。此一行動，是在發出「對外作戰」的訊號。一方面向美國宣示「中國完全統一」的決心不會改變，對美國及其盟國的軍事威脅絕不低頭，特別是對於美國的干涉，中共已做好「反對外力干涉」的戰爭準備。所謂「供銷社」，就是這種戰爭準備的一部分。

中國經濟寒冬的來臨

如果習近平繼續執行「政治壓倒經濟」的政策，包括絕不動搖的清零封城，未來十年中國經濟成長數字可能永久盤旋在〇％至四．五％之間。可以斷言，以不到五％的經濟增長率，中國將很難養活十四億人口，難以滿足龐大的就業需求和財政收入，更將波及醫保基金與養老基金，未來中國人民極可能面臨溫飽不足，乃至飢餓邊緣的狀態。在此情況下，中國大陸意圖超越美國成為世界第一大經濟體的願望將永遠止步，二〇三五年從二〇二〇年ＧＤＰ基礎上翻一番的目標也必將落空。

所有這些問題的根源是來自天災？還是肇於人禍？實際上，只要習近平的路線不改，中國將面臨即將到來的經濟寒冬。

失速危機 人口負增長

根據二〇二一年中國國家統計局的統計，在中國已經有十六個省分的常住人口出現負增長。二〇二〇年中國人口淨增二百零四萬人，到了二〇二一年，中國人口僅僅淨增四十八萬人，人口自然增長率低至〇．三四，這意味中國人口總數量已非常接近峰值，幾乎等同於「零人口增長」。從人口演進來看，中國每年淨增人口在二〇〇〇年首次跌入一千萬人區間、二〇〇五年跌入七百萬人區間、二〇一〇年跌入六百四十萬人。人口專家提出警告，中國大陸人口「零增長」甚至「負增長」時代已快速提前到來，這將成為中國即將來臨的重大災難。

《彭博新聞社》（*Bloomberg*）專欄作家佛格森（Niall Ferguson）估算，在「最佳狀況下」，中國人口預計在本世紀結束時會萎縮五分之一；在「最可能」的情況下，中國人口本世紀結束時將減少四六％，降至七．七一億人；而在「最糟糕」的狀況下，中國人口將銳減近三分之二，這意味中國已經出現巨大的人口危機。

中國人口危機的四條鎖鏈——第一鏈：超低生育率陷阱

以反映婦女一生生育子女總數的「總和生育率」（total fertility rate，ＴＦＲ）為標準，一般而言，ＴＦＲ至少要達到二．一，才能達到世代更替水平（一般為二．〇），才不致使人口總數隨著世代更替而下降。當ＴＦＲ低於一．五甚至一．三，人口學上稱為「超低生育率陷阱」。之所以稱為「超低生育率陷阱」，是因為人口是一種「慢性變量」，其變化趨勢通常以「溫水煮蛙」的情況來顯現，往往在人口負增長持續二十年之後，才以「後見之明」的方式，提出有效的人口增長刺激政策。

實際上，中國早在一九九〇年代就已出現人口負增長的慣性趨勢，但是在「低更替水平」已持續近三十年之後，中共當局依然固守掩蓋事實、造假自欺等等「虛榮誤國」

的作風，刻意忽視人口危機的趨勢與慣性，進而失去面對和解決人口負增長的時機。

據統計，二〇〇〇年中國的TFR為一．二二，十年之後的TFR降至一．一八，在此後的三年中（二〇一一年至二〇一三年）TFR落在一．〇四、一．二六、一．二五，顯示中國已經掉入「超低生育率陷阱」，進入「萎縮經濟」的年代。再依據「第七次全國人口普查」（七普）最新的統計，二〇二一年中國TFR為一．一六二，遠低於世代更替水平的二．〇。許多研究已經得出結論，二〇二一年總人口一四．一二六億可能已是中國人口的峰值，中國總人口將在二〇二二年進入負增長時代；到本世紀末，中國總人口將降至八億甚至六億以下。

第二鏈：年輕世代的「三不政策」

過去二十年來，中國婦女未婚比例不斷提高，和「一孩」生育水準不斷走低，是這道「超低生育率陷阱」的特徵。

由於教育水準的提升、結婚成本的上漲、就業難度升高、職場競爭加大、婚姻觀念變化等等因素，二〇二〇年中國人平均初婚年齡上升至二八．六七歲，其中男性平均初婚年齡為二九．三八歲，女性為二七．九五歲。相較於十年前，二〇一〇年的平均初婚年齡為二四．八九歲，男性平均初婚年齡為二五．七五歲，女性平均初婚年齡為二四歲，十年間平均初婚年齡推後了近四歲。另據中共共青團二〇二一年十月針對未婚青年進行的調查顯示，約有三成表示未來不會戀愛也不會結婚（不婚不戀），其中女性比例高達七〇％。

除了普遍存在的「不婚不戀」現象外，還有「三不」，也就是「不孕」「不生」，即使在婚姻關係中也不願意懷孕，即使懷孕也不願意生育。據統計，中國每年人工流產多達一千三百萬人次，這還不包括藥物流產和在未註冊私人診所進行的人工流產數據。

面對人口銳減的危機，中國開始逐步放開計畫生育政策，從「雙獨兩孩」（雙方都是獨生子女的夫婦生兩個孩子）放寬至「單獨兩孩」。二〇二一年五月三十一日，中共再推出所謂「三孩政策」，也就是一對夫妻可以生育三個孩子。但「三孩」顯然抵不住青年世代的「三不」。實際上，中國實施了三十五年之久的「一胎化政策」已經產生雙重的約束作用，一是長期以來對生育行為的排斥與限制，「超生」成為一種政治罪惡；二是「一個恰恰好」的低生育觀念深入人心，形成普遍的生育態度和觀念定勢。另一方面，「三孩」政策的推出為時已晚，中國生育率反彈的時機已經喪失，「超低生育率陷阱」已無法挽回，其內捲化、固態化和剛性化的特徵已成常態化。

依據凱恩斯經濟學（Keynesian economics）的「有效需求理論」，人口減少將導致有效需求下降，儲蓄和資本積累短少，進而導致產業萎縮和失業率提高，不利於經濟的穩定增長。日本自一九九〇年代以來，由於人口減少而導致經濟低迷，是為顯例。在「超低生育率」的重壓之下，中國未來至少將面臨三大後果性危機：經濟增長加速下滑、消費萎縮和總體資產的貶值。

第三鏈：「大國空巢」的來臨

依據國際統一標準，六十五歲以上的人口占全國人口的比例超過七%，就表示該國已進入人口老化階段。截至二〇一九年，中國的老年人口占全國人口的比例達到一二．五七%，遠超過老齡化標準的七%；又根據聯合國《世界人口展望》對中國人口發展趨勢的預測，到了二〇五〇年，中國的老年人口將達到三．三一億。

依據中國民政部二〇二二年十月發表的數據，截至二〇二一年底，中國六十歲以上老年人口達二．六七億，占總人口的一八．九％，預計「十四五」*時期老人人口總量將突破三億人。民政部也指出，所謂「空巢長者」，也就是沒有與子女或親屬共同居住生活的老人，已經超過老年人口的一半，在部分大城市和農村地區，「空巢長者」比例甚至超過七〇％。換言之，中國已存在大量長者面臨居家養老的不便或困難，甚至隱藏極高的安全風險與生命威脅。

第四鏈：人口紅利的下降

由人口負增長和人口老化所帶來的「人口紅利」的流失，也就是人口老化結構所導致勞動力供給的短缺，將是中國未來最大的危機之一。「人口紅利」並非由人口總量所提供，而是由人口年齡結構的變動所決定的。它是通過勞動力供給的增加、勞動生產率的提升、國民儲蓄的擴大、人力資本成本效益的提高等等正向要素所實現的。隨著人口老化，老年負擔比重將大幅度提高，其直接結果就是勞動年齡人口在總人口中的比例下降，勞動力的負擔加大。依目前的估算，中國在二〇三〇年以前，勞動力負擔將超過五〇％，人口紅利已出現下滑和萎縮。

隨著老年人退出生產行列，中國勞動人口的高峰已在二〇一七年達到七・五八億人並開始反轉下降，這意味「人口紅利期」已在二〇二〇年提前結束，到二〇五〇年，中國十五至六十四歲的從業人員僅剩六・四億人左右，年均遞減率超過〇・五%。在宏觀生產技術沒有大幅度提高之下，必然造成經濟增長缺乏勞動力的必要支持。換言之，有利於經濟增長的人口年齡結構（人口紅利）必將告終；在勞動供給減少、以老年負擔為主的勞動負擔加重的雙重因素之下，中國的經濟必將遭遇嚴重停滯和下滑的危機。

另外，在勞力短缺之下，中國大陸龐大的製造業將迎來「高工資年代」，企業成本的提高將導致生產減少、出口銳減、外貿萎縮和財政赤字；在資金短缺之下，最終連帶導致醫療保險與養老基金的失血，甚至破產。

---

*編按：「十四五」是「國民經濟和社會發展第十四個五年規劃和二〇三五年遠景目標綱要」的簡稱，是中國從二〇二一年至二〇二五年的五年國家規劃，也是中國的第十四個五年規劃。

中國將從「崛起」走向「萎縮」

在「四條鎖鏈」的緊勒之下：超低生育率陷阱、年輕世代的「三不政策」（不婚、不孕、不生）、人口結構老齡化、人口紅利的下滑，中國將告別「人口大國」的地位。在巨大而無可避免的人口危機之下，中國將由「崛起」走向「萎縮」，習近平的所謂「中國夢」也將墜地碎裂、完全落空。

第5章 慢：驕傲霸道，朕才是國

指鹿為馬的「中國民主白皮書」

中國國務院新聞辦公室二〇二一年十二月四日發表了《中國的民主》白皮書，長篇大論，洋洋灑灑數萬言。然而，綜觀全文，除了指鹿為馬、顛倒黑白之外，無法想像是非可以如此錯亂，價值可以如此扭曲。當全世界都認定一個「不民主」的國家居然向全世界宣稱是「最民主」的國家，這不禁讓人驚覺，宇宙突然變成一個「平行世界」，一如秀才遇到兵，對中國這一另類世界，只能以「外星國」來形容。

「中國民主」白皮書的動機與目的

從動機來說，中共趕在此刻發表白皮書，就是急於與美國之後於二〇二一年十月舉行的「民主峰會」互別苗頭、打對台。白皮書對於「美國民主」隻字未提，但其中所謂「自以為是的少數國家」「用單一的標尺衡量」「用單調的眼光審視」「少數國家的專利」等等詞語，字字針對美國。換言之，中共擔憂美國對其進行「民主價值的圍堵」，忌諱美國對中國進行「意識形態的深層鬥爭」，所以白皮書的發表，就是要和美國進行寸土必爭的焦土抗戰，與美國爭奪「全球民主話語」的主導權。

就目的來說，白皮書的發表是在模糊、翻轉、顛覆民主的普世定義與內涵，意圖在「民主」之前加一個「中國式」，來區別、另立、取代當代世界的民主，然後在「美國民主」之前加一些「少數國家」「單一標尺」語詞，來攻擊美國的民主體制。實際上，只要翻翻《聯合國憲章》（*Charter of the United Nations*），讀讀托克維爾（Alexis de Tocqueville）的《美國的民主》（*De la démocratie en Amérique*）、看看羅伯．道爾（Robert Dahl）的《論民主》（*On Democracy*），就知道「民主」（democracy）是一個具有普世約定的「典範」（paradigm），那就是三權分立、言論自由、政黨政治，以及通過一個競爭性、多黨制的選舉制度，組成具有民意基礎的合法政府。

然而，白皮書所謂「中國民主」無一滿足這些典範要素，即使中國有所謂「人大」「政協」「民主黨派」等等組織，但這些組織不過是會議桌上的「贊成按鈕」，都只是支持、擁護、鞏固、配合中共一黨專政的附隨組織。如果白皮書批評美國「民主不是裝飾品」，這些附隨組織恰恰正是中共「假民主、真獨裁」的裝飾品。

習近平講話＋一堆形容詞

實際上，白皮書的所有主張，都是依據習近平二〇二一年在中共「建黨一百周年」大會，以及「中央人大工作會議」所提出的「全過程民主」而來，並且全文照登。換言之，白皮書就是習近平講話的延伸與演繹，也就是「習近平講話」＋「一堆形容詞」。試問，「一個人的講話」就可以創造出「全鏈條、全方位、全覆蓋的民主」，「一個人的觀點」就可以定義出「最廣泛、最真實、最管用的民主」，這是否正是「單一標尺」「單調眼光」？而白皮書中氾濫成災的形容詞，不禁讓人感到所有中國語言中抽象籠統、似是而非、模稜兩可的華麗詞藻，統統可以派上用場！

所謂「全過程民主」，一言以蔽之，就是「順我者過程內，逆我者過程外」。這個名詞，不僅在英語辭典中遍尋不著，中文字典也查無此字，政治學教科書更是前所未聞。試問，被世界「絕大多數民主國家」視為合法的香港「反送中」運動，究竟是「過程內」還是「過程外」？以「再教育」之名對新疆維吾爾人的拘禁關押，究竟是「過程內」還是「過程外」？中國境內以爭取人權為目標的「維權運動」，究竟是「過程內」還是「過程外」？

如果不聽黨、不跟黨走呢？

白皮書中說，人民當家作主是中國民主的本質和核心，我想問問中國十四億人民，自一九四九年以來，中國人民可曾有過一天當過家？作過主？如果真是當家作主，中共的「黨委」「書記」「省長」「中央委員」可是由人民投票選出？還是從來就是「黨派」？中共一再洗腦人民，要「聽黨的、跟黨走」，這又如何解釋所謂「人民當家作主」？為何不是「聽人民的、跟人民走」？試問，若是沒有聽黨的，其下場如何？若是沒有跟黨走，其結局又是何種命運？

白皮書說，實現民主有多種方式，不可能千篇一律。是的，世界大千萬象，有如萬花筒，但以中國的政治制度而言，只要「堅持共產黨的一元領導」，或者說「堅持黨中央集中統一領導」，那就只有「一律」，沒有「千篇」。對於「堅持黨中央集中統一領導」這一句子，所謂「堅持」是誰的堅持？「黨中央」「集中」「統一」「領導」，每一個關鍵詞都與世界公認的民主內涵背道而馳，都是中共掌權、固權、集權的專門術語，與民主世界的「分權」「多元」「民選」完全無關。

中國的民主：一個空洞的能指

從科學哲學和知識論來說，任何詞語或敘事，必須從「定義」（definition）出發，必須具備多數約定的「共識性典範」，也就是一般所說的常識或前提。只有在這種共識性典範之上，一切知識才能建立、積累、延伸和擴展，否則，一切的知識必將破產，一切專業必將落空，一切的溝通和論述就只是「雞同鴨講」，沒有交集和結論。從結構語言學來說，「能指」（signifier）和「所指」（signified）之間必須具備共通性的「指涉鏈」（chains of signifying），才能言之有物、形成理解。然而，白皮書是一種「典範的狡辯」，其所稱的「民主」是一種「空洞的能指」，其所指涉的「所指」只是一堆華而不實的形容詞（例如「中國的民主」〔能指〕是全鏈條、全覆蓋、最管用、最真實的民主等等〔所指〕），但其「所指」——能指所對應和關涉的對象，則與全世界共同約定的「民主典範」完全風馬牛不相及。

當我們說「美麗」這一語詞（能指）時，通常是指涉「眼大、鼻挺、嘴圓」這些容貌（所指），但如果有人說「美麗有很多種」，「眼歪、鼻塌、嘴斜」也是一種「中國式美麗」，甚至說眼歪了叫「適度調整」，鼻塌了叫「基礎穩固」，嘴斜了叫「經常微笑」，那就是對「美麗共識」的扭曲，是一種語言的狡辯，全世界沒有人會相信。

中共何必如此折騰？

中共何必自稱民主？何必如此折騰？百年的狗肉店又何必硬要掛羊頭？專制獨裁又有何可恥？如果中共坦承自身就是專制獨裁國家，並準備與西方民主國家一決高下，那將獲得全世界的敬重！因為只有中國實現了馬克思列寧主義、毛澤東習近平思想，建成了世上唯一的烏托邦理想國，這是何等偉大！如果中共能夠如此理直氣壯，全世界支持專制獨裁的人，必將衷心崇拜並心嚮往之！

中國兩套話語系統的「貓鼠政治」

在中國社會存在兩套話語系統，一是由官方主控的、以文過飾非為任務的宣傳魔術，稱為「官方話語」；二是由民間自主散播的、以消解威權為抵抗的政治反諷，稱為「庶民論述」。兩套話語系統隔著一面政治禁忌的圍牆，雙方都在尋找漏洞，進行一場「貓捉老鼠」的政治角力。

文過飾非的官方話語

在新冠疫情肆虐期間，中共官方為了宣揚社會主義體制下優越的清零政策，藉以掩飾嚴酷的次生性災難，使用了諸如「鄭州休息」「北京靜默」「上海靜態管理」等等軟性詞語，以掩飾清零的酷政，淡化清零所造成的民怨。這是中共一向慣用的「話術」——話語戰術，也就是使用一些抽象的「遁詞」，通過一種語意轉化和焦點模糊，達到掩飾真相、麻痺痛苦的目的。

實際上，休息、靜默、靜態管理，是一種柔性警告的雙關語，暗示百姓面對黨國的防疫禁令，請閉嘴、莫搞事、別造反。「休息」就是待在家裡、足不出戶，等待黨國完成消滅病毒的保衛戰；「靜默」就是乖乖聽話，不可吹哨、不可唱反調；「靜態管理」則是對人民強制服從的宣示，是國家暴力清零的遮羞布。

又如聯合國人權專員巴切萊特（Michelle Bachelet）於二〇二二年前往中國新疆「考察」人權問題，在此之前，中共官方表示如果使用「調查」這一不懷好意的名詞，中共不歡迎，但若使用「訪問」一詞，則樂觀其成。訪問一詞通常意味慕名而來且心嚮往之，目的在溝通理解、增加互信；既然是「訪問」，中共就可以藉此大肆宣傳中國人權的偉大功績。

「環閉旅行」就是監控訪問

至於巴切萊特的行程則稱為「環閉旅行」，也就是不能安排傳媒跟隨採訪、不能自由行動和訪談，必須由官員參與和陪同，只能訪問官方指定的地點，訪談官方指派的對象。實際上，所謂環閉旅行就是不自由的考察、不公開的訪問，不能面對真相、揭露事實，更不能對中國的人權狀況做出批評。換言之，環閉旅行就是對訪問者的隨行監控，期間可以任由官方安排場景、製造假象，以掩飾中共在新疆一切非人道作為。

「潤學」與「躺平」

庶民論述的反諷話語非常繁多，難以一一列舉，但反映的都是官民之間冰冷的從屬關係，以及人民面對沒有真相的無奈和戲謔。在中國封城清零期間，網路上興起一個熱搜名詞：「潤學」，這既不是一門學科，也與教育無關，而是一個逃離中國、告別家園的動態隱喻。

「潤」是英語run的漢語拼音，意指逃離、逃跑；「學」的涵意則是方法、途徑、門路等等。於是「潤學」的完整含意就是「出走方法」「離開管道」以及「逃離中國」「移民海外」。實際上，「潤」與run在譯音上存有差距，但正是因為這種「差距」，使中共的網路機器人無法辨識，使監管人員難以識破，進而使庶民論述得以閃躲中共的網路監控，迴避中共的網路封鎖。所以，「潤」也是一種雙關語，既指滑溜中共的網路審查，也指逃離祖國、遠走他鄉，追求國外自由生活的滋潤。

於是一場「貓鼠政治」立即展開。當中共發覺「潤學」就是「逃離海外」之時，立刻發出「非必要不得出國」的禁令，不僅對公民出國的理由嚴格審查，甚至出現在海關直接沒收或撕毀公民護照的情事。換言之，絕望的庶民努力尋找中共政治圍牆的漏洞，中共這隻「厲貓」則極力抓捕「鼠民」。這場貓捉老鼠的鬧劇，道盡了庶民論述背後「祖國不是我的國」的遺憾與悲涼。

又如「躺平」，這是以一種「身體隱喻」來表達沒有未來、斷絕希望的抵抗。躺平的通俗意義是不再努力工作、不買房、不結婚，以「終生頹廢」來抵抗這個閹割人們最低生存欲望的體制。躺平不是一種文化病態，而是社會寫實，也就是眼前無法改變的現實，使你失去所有理想生活的夢想和追求。換言之，你的「中國夢」是我的「白日夢」，你的「偉大的民族復興」是我的「卑微的個人落魄」，你的「黨國」是我的牢籠和枷鎖，你的一切是我的一無所有！

對庶民論述的解構主義分析

我們可以借用法國哲學家德里達（Jacques Derrida）的解構語言學有關「延宕」（delay）、「蹤跡」（trace）、「延異」（différance，法文）等等概念，來看待庶民論述對官方話語的「靜默革命」。正如黑暗的存在是因為陽光的缺乏，任何語詞都具有二元的辯證性，意即語詞所要遮掩的，正是其真相的暴露，也就是中國的一句成語「欲蓋彌彰」。

一如德里達在〈暴力與形上學〉一文所指出的，語言和權力具有暴力的共謀關係。在中國，「黨」是一切權力統治的「道」（logos），一個形上的獨裁者。「庶民論述」則是一把鍬刀或厲鑽，試圖突破「黨——logos」的缺口或縫隙，刻劃「黨」的傷痕與龜裂，以達到消解北京中心的權威與暴力。

庶民論述背後的冰冷社會

庶民論述使用「造詞」「轉喻」「仿詞」「諧音」等等，在中國稱為「網路迷因」

（internet meme）或「網路哏」，是對中共符號命令的置換，旨在截斷中共權力伸展的「蹤跡」（trace），藉由新詞與原意的斷裂式擬像（儘管是模擬的、拼裝的），例如以「潤學」來暗喻「移民」，形成一種延滯話語暴力的跌宕（delay）策略，創造一種遠離、逃開權力路徑的「延異」（différer）效果，從而達到對北京權力中心的解構。在這裡，「延異」是一種不斷產生差異（difference）的遊戲或詮釋，但它不是「過程的多元化」，而是對「源頭」（origin）之整體性的拆解和分離，是一種本體論的抵抗。換言之，這種反諷式「網路迷因」的興起，是中國庶民廣泛又無奈的沉默抵抗，是一種無夢人生與冰冷社會的寫照。

一人獨尊，萬民厭世

在官方話語與庶民論述之間，是一場「貓捉老鼠、老鼠躲貓」的抓逃遊戲。官方運用人工智能和超常人力，地毯式搜捕沉默抗議的鼠民，鼠民則四處鑽洞突圍，試圖掙脫黨國禁忌的網羅。這是一個官民不信、希望破滅、理想落空的犬儒主義*社會，一個一人獨尊、萬民厭世的年代。

失速危機 社會內戰

二〇二二年十一月二十四日，新疆烏魯木齊一處「吉祥苑」社區發生火災，由於在極端防疫與封控之下，社區外圍布置了防疫路障和圍欄，妨礙了救災工作，導致十人死亡和多人受傷的慘劇。事件一爆發，引發了各大城市和校園的抗議活動。但「烏魯木齊火災」只是一條導火線，真正的起因是無數的極端封控和次生性災難所積累起來的「集體憤怒」，這不只是人民反抗極端防疫的不滿情緒達到臨界點，而是積壓已久的怨恨達到了炸鍋狀態。由於人們在這場抗議中高舉一張A4白紙為標誌，人們以「白紙革命」稱呼這場牽連甚廣的抗議行動。

---

*編按：犬儒主義（Cynicism）原於古希臘哲學的犬儒學派，在現代通常將其理解為：對現有秩序的不滿轉化成不拒絕的理解、不反抗的清醒，與不認同的接受，是一種不作為的憤世嫉俗態度。

白紙：無言勝有言的社會抗爭

「白紙」具有很豐富而特別的象徵。白色，是中國文化中喪禮的代表色，旨在傳達哀悼與追思的情感；「白紙」，上面什麼也沒寫，但什麼都已說了；一張空白的A4白紙，是簡便又輕巧的抗議工具，人人都可以拿出來、舉起來；「空白」則意味著對中共言論控制與網路審查的反諷，譴責中共長期以來對言論的箝制與封殺。一張空白的白紙，既沒有留下任何的證據，卻道盡了所有的控訴，表現出人民在高度壓抑下的深度挫折與絕望。

在抗議行動中，已出現高度禁忌的「共產黨下台、習近平下台」等等顛覆性口號，出現「解封烏魯木齊、解封新疆、解封全中國」的全國呼籲性口號；也出現「言論自由、傳播自由、拒絕審查」等等訴求，出現了「不自由、毋寧死」的最後憤怒。這種深層的吶喊，泣訴的哀號，充分證明人民已經看穿了政府的欺騙性、造假性，以及不顧百姓死活的冷血性。

接下來，人們已經充分準備，中共當局一定會對抗議者採取「汙名化」的手段，將民主訴求者定性為「暴民」，繼則採取毫不手軟的鎮壓。因為在中共看來，民意只是「暴民的心聲」，群眾只是受到境外勢力蠱惑的無知刁民。這是中共建政以來一貫採取的「鎮壓邏輯」：以國家之名消滅反革命分子，以維穩之名踩碎人民的願望與心聲！

中國「社會內戰」的來臨

我把這次的抗議行動稱為「中國的社會內戰」。「社會內戰」是指庶民階級（非「政治菁英」）基於政策不滿所產生的區域性衝突，具有訴求單一化、行動零星化，以及口語化和非組織性的特徵，並以「國家政權代理人」（警察、地方政府、公安系統）為抗爭對象。「社會內戰」不同於敵對的政治團體基於政權爭奪而進行的「政治內戰」。政治內戰是以「國家政權所有人」為對象的顛覆性戰爭，武力是其鬥爭的主要手段。然而，星星之火可以燎原，「社會內戰」一旦產生具共同訴求的全國性呼應和串聯，並找到集體行動和聯合組織的實踐手段，就足以發展為革命性的「政治內戰」。當前以及未來的中國，已經出現因為抗議清零政策而爆發的多點式社會內戰，如果失控和擴大，極有可能走向顛覆政權的革命內戰。

「社會內戰」是一種隱蔽、持續、廣延與蓄勢待發的鬥爭型態。其不僅侵蝕、消解中共政權的合法性，更是對中共當局的拋棄信任與拒絕合作。這是一種對中共政權的鄙視、輕蔑與不服從，對中共政策的消極抵制與「躺平」。換言之，這是一場「國家 vs. 社會」之間迂迴、鬥智的長期抗戰，其結果將使中共政權成為虛有其表的「假性統治者」。

社會失範——社會主義價值體系的瓦解

價值裂解——人們不再忠於長期習慣的信仰，不在履行基於信仰而付諸行動的義務與忠誠，人們不再相信中共的宣傳與教育，不再相信黨的教條與理論，不再相信「黨的領導人」，不再相信「偉大領袖」。簡單地說，人們決定以一種「塔西佗效應」（Tacitus effect）——政府再說什麼我都不相信的態度，來回應中共的承諾與政策。這是一種社會失範（social anomie）意義下的「社會主義價值體系的瓦解」，也就是長期以來中共賴以「走入群眾、依靠群眾」的道德基礎，已經分崩離析、離散瓦解。

實際上，人們猛然發覺，「共產黨下台、習近平下台」一直是中國人民最大的願望，只是在高壓統治之下，只能積壓內心、難以言說。但是在這次的「白紙革命」中，人們的「恨共情緒」盡情發洩、傾囊噴發，人們不再恐懼和畏縮，不再掩飾與苟活。這種「真勇氣」，掀開了中共偽善的假面具，揭露了偉大領袖習近平「野心小人」的真面目。換言之，不再聽信中共的假話，是這次「白紙革命」最真實的表現與最珍貴的資產。

恨共與賤民的對抗

中國即將進入一種極端二元對立的「內戰型社會」，一個極端是民眾內心深沉的「恨共」情節，對中共懷著「大而隱」的不信任；另一個極端是黨國體制高壓統治的「賤民」心態，對人民「顯而硬」的冷血控制。這將是一個有統治之名卻無人民忠誠的無政府狀態，人民以輕蔑之心嘲諷中共，中共則以虐民之舉對付人民。換言之，中國將走向一個無內在凝聚力、無外在號召力的虛擬政權。習近平將威名掃地，中國共產黨將名譽破產，呈現一種「巨木內腐、高牆碎瓦」的狀態。未來的中國，將是一個只有「政治核心」卻無「價值核心」的惰性社會。

失速危機 民族智能的退化

自習近平掌權以來，在一種「文化民族主義」的意識形態籠罩下，採取了各種文化政策上「自戀─排外」的退化路線；這種「自反／內縮」型的文化灌輸與強制，一再排擠多元包容的外來文化，其結果將給中華民族帶來深重的災難，那就是文化自閉症與民族智能的退化。

民族智能是指一個民族整體的智識水平與能力，其中作為核心要素的「文化智能」（cultural intelligence）則是指對於異文化的識別、理解、適應與創造性轉化的能力。這種「跨域（語境）能力」的培養必須以「國際通用」語言為媒介，從中獲取新的知識與技能，進而增進語言運用與知識創新的能力。一個只能運用單一母語的人，在當今資訊爆炸與科技猛進的全球化年代，幾乎與「現代文盲」無異。

去人文、反歷史、造黨奴

自習近平上台以來，推行的是一種以民粹主義與愛國主義為名目的黨化教育。特別是在塑造民族素養的歷史教育方面，以扭曲、誇大和編造事實的手法，強力灌輸一種愛國主義的英雄史觀，將歷史充當政治服務的工具，目的在塑造一種盲目崇拜共產黨的忠誠史觀，一種思想「單面性」（one dimensional）的「黨奴」狀態。

除了黨媒、黨報等等宣傳機器之外，教科書是中共用來塑造「黨奴」的主要工具。依據《報導者》（*The Reporter*）一篇〈習時代下，黨讓中國人讀些什麼？〉（作者金笠笙）所述，一些「神化領袖」的課文，充斥在中國中小學生的語文教科書。像是二年級上的〈朱德的扁擔〉，四年級上的〈為中華之崛起而讀書〉，四年級下的〈黃繼光〉、六年級上的〈開國大典〉〈狼牙山五壯士〉等等，都是對黨史英雄的謳歌膜拜。作者金笠笙指出：「這些課文的共同點在於，以中共的領導人或官方定義的『英雄人物』為主角，字裡行間流露出對個人崇拜的暗示，不但內容的真實性無法考證，而且常與戰爭相關，內容殘酷血腥。」

依據金笠笙的報導所述，二〇一九年五月十四日，中國教育部正式發出通知，要求從當年九月起，九年義務教育中的語文、歷史、思想與法治（即政治）等課程，必須全國統一使用所謂「部編教材」。以「部編歷史教材」八年級下冊為例，原教材中〈文化大革命的十年〉一章，已被改成〈艱辛探索與建設成就〉。人禍被竄改為「艱辛探索」，災難被描述為「建設成就」，學生所閱讀的並非真實的歷史，而是「歪曲的黨史」，一種因人而異、為某種政治利益服務的「偽史觀」。

於是，年輕世代腦袋裡裝滿的只是黨的教條和領導人講話，只有《人民日報》的「八股訓文」，或黨媒編造的政治敘事或美化泡沫。中國新世代將無法獲取世界新知、科學發明、世界名著或人文教養。中國新世代只能是「黨化教育」下的應聲蟲，一群視野偏狹的愛國侏儒，而不是具有創意和主見的知識主體。

「紅書」充斥，作育「奴才」

相較於一九八〇年代中國知識界大量翻譯西方著作的「文化熱」時期，今日文人社會書籍的出版事業，有如風中殘燭、油盡燈枯。除此之外，文化界的「習近平崇拜」已到了氾濫成災的地步。一進入書店，首先映入眼簾的就是所謂「黨建專區」，架上鋪置的盡是對習近平歌功頌德的「紅書」，例如《習近平在福州》《習近平在正定》《習近平在寧德》《習近平的七年知青歲月》《習近平扶貧故事》《習近平與大學生朋友們》等等。二〇二一年九月起，上海的中小學生被要求閱讀一本關於「習近平新時代中國特色社會主義思想」的新教材，每個學生每周必須參加一次課程，藉以造就「習近平的思想奴才」！

這些「紅書」與「教材」，盡是對習近平事蹟的編造與神化。尤有甚者，二〇一七年在中央電視台播放的紀錄片《習總書記的初心》中，習近平親自出馬為自己造神，敘述他下放「梁家河」期間，「扛二百斤麥子，十里山路不換肩」的神話故事，如今這段「十里不換肩」已成為對習近平自我吹噓、憑空杜撰的諷刺與笑料。

去英文化

除了「黨奴教育」之外，最為後果堪憂、災難深重的，莫過於習近平大力推動的「去英文化」。

自二〇二〇年開始，中國教育部門禁止小學和初中使用海外教科書；二〇二一年，一位政府顧問建議每年一次的高考應該「禁考」英語。到了夏天，中共當局針對營利性課後輔導機構實施新的限制，包括長年教授英語的培訓機構以及外籍英語教師；其所帶來的立即效應是，在中國頗負盛名的「華爾街英語」宣布破產，許多英語的培訓機構也紛紛關門倒閉。

在二〇二二年北京冬奧期間，北京地鐵站的「站」的英文翻譯，從「Station」改為漢字拼音「Zhan」，把原先的英文路標「East, West, South, North」改成了「Don, Xi, Nan, Bei」，奧林匹克公園「Olympic Park」變為「Aolinpike Gongyuan」，把北京機場2號航站樓的英文「Terminal 2」變為「2 Hao Hangzhanlou」，把「開往濱海國際機場」變成了「To BINHAIGUOJIJICHANG」。其結果，不僅外國人看不懂，中國人也看不懂。即使眾人有如霧裡看花，但人們清楚看到了中共統治者的民族虛榮心。

文化自閉症

對外國涉及對中國大陸不友善的商品進行抵制與拒購，對「眯眯眼」的廣告模特兒施加「辱華」指控，對好萊塢電影進行抵制或竄改，對「非政府組織」（NGO）施加盤查與限制，對外國記者與媒體任意干擾與歧視，乃至指責提倡素食主義的名人為兜售西方生活方式，強迫藝人修改外語藝名，以及敦促藝術家以發揚中國傳統文學和藝術來擁抱所謂「文化自信」等等，都是一種文化逆淘汰與文化自閉的表現。

文化義和團主義

在習近平文化專制的統治之下，出自於一種對「英語／西方霸權」的刻板認知與排外心理，一種「文化義和團主義」，把學習英語視為崇洋媚外，把英語教師視為境外敵對勢力的代理人，把英語視為帝國主義文化侵略的工具，把杜絕「英語滲透」看成是保護民族文化與國家尊嚴的手段。這種「反智」的文化意識形態，將使中國新生世代滿腦充塞虛偽的愛國主義，以及不知所以然的排外思想，其危害之深，難以估計。

對此，《紐約時報》記者袁莉在一篇〈開倒車？中國弱化英語教育意味著什麼〉的文章中寫道：「如今，英語已經變成可疑境外勢力的特徵之一，自新冠疫情暴發以來，這種被民族主義宣傳助長的恐懼情緒在語調上更加惡化。結果，中國與外部世界的聯繫正在被一一切斷。」

在英語教育受到打壓之下，中國新生一代將失去經由英語能力吸取世界先進知識與機會的渠道，失去應有的英語閱讀與聽寫能力，形成一種「中文單一化」的知識閉鎖狀態。長期下去，將造成整體民族素養的低落和文化智能的愚昧化，中國將成為一個被世界通用語言邊緣化的國家，成為世界文明的孤兒與落伍國度。

失速危機 「後習時代」的跛腳政治

習近平本世紀最大的「蠢政」——動態清零，最終來到檢驗苦果的時刻。中國國務院二〇二二年十二月七日公布「防疫政策新十條」，內容包括不得採取臨時封控、縮小核酸檢測範圍、不再對跨地區人員要求核酸陰性證明和健康碼，並鼓勵無症狀和輕度感染者居家隔離等等。三年來的嚴格封控，雖然近在前日，卻恍如隔世。然而，這種「大夢初醒」的防疫噩夢，也提早宣告了「後習近平時代」的來臨：一種威信掃地、跛腳歪行的假性統治。

優化防疫：一百八十度的大腦變異

一如當年「動態清零」是在習近平拍腦之下隆重上路，之後的煞停轉向同樣也是突然竄出、一翻過頁。曾經堅定不移、席捲全國的「動態清零」，誰敢反抗誰就是「反革命」的肅殺威嚇，如今居然敬而遠之、隻字不提；而其改採所謂「優化防疫」的蒙眼瞎說，一樣缺乏科學意義上「與病毒共存」的配套與部署，似乎一切聽天由命！曾經被視為「形勢嚴峻」的新冠病毒（奧密克戎毒株〔Omicron〕），如今似乎「自我變異」成為「致病力明顯下降」的小毛病，曾經風聲鶴唳，轉眼雲淡風輕。

實際上，奧密克戎毒株並沒有改變，改變的是中共當局一百八十度的「大腦變異」：說它嚴重就嚴重，說它不嚴重也就不嚴重！換言之，一株病毒的毒性，官員可以正反兩面說，愛怎麼說就怎麼說！

不是生命至上，而是黨命至上

往前回推不到二個月之前的中共二十大，習近平宣稱「防疫是一場人民戰爭」，誇口「人民至上，生命至上」，還信誓旦旦宣稱「堅持動態清零不動搖」；然而，人民戰爭不敵學生抗議，一場「白紙革命」平地而起，幾句「下台」口號穿刺耳膜，由於深怕「六四運動」再度重演，深恐黨的危機不可收拾，在「白紙」面前習近平立即「堅持動搖」。不是生命至上，而是黨命至上！習近平絲毫不為動態清零造成的傷害表達道歉與遺憾，卻拋出「防疫工作告一段落」的說辭而沾沾自喜。

實際上，「遇事逃避」和「轉移危機」是習近平一貫的風格。習近平藉由出訪沙烏地阿拉伯，刻意逃避放鬆防疫的無能與尷尬，以「靜默無聲」遠離爭議的尖峰和浪頭，充分暴露習近平「剛毅不足、懦弱有餘」的本性，一個輕慢、投機的國家領導人。

官媒緊急啟動「記憶刪除工程」

在此轉向過程中，中共的宣傳機器、造假官媒與御用專家的欺騙本性暴露無遺，無論是古老歷史或短期經歷，中國官媒最擅長的莫過於「記憶刪除工程」：淡化痛苦、編造事實、抹除暴政。曾幾何時，這些黨國喉舌大肆批評西方國家的「病毒共存」政策，渲染西方國家恐怖的死亡數字，卻完全避談今日中國的解封，不正是步上西方國家的後塵？也完全迴避在疫苗效力低下與老齡人口接種率不足的情況下，一場突然解封完全有可能造成遠比西方國家更大規模的死亡現象。

原中國疾病控制中心副主任馮子健指出，中國政府鬆綁防疫封控措施後，八〇％至九〇％的中國人都難免遭遇一次病毒感染。即使保守估計，以十四億人口的六〇％感染比例來預測，中國約有八．四億人口受到感染，遠高於目前全世界約六．四八億的感染人數。

從清零到不清零：黑白變換的政治騙術

三年來，習近平將「動態清零」視為社會主義體制優越性的表現，採取高壓手段進行非人道防疫，誇稱只有共產黨領導才能拯救生命、保障健康。就在不久之前，中共當局極力誇大奧密克戎病毒的危害性，御用專家不斷強調此一變異病毒隱祕性更強、傳播速度更快，早期感染者更難快速識別等等，凡此都是為了證明習近平「清零德政」的合理性。然而，僅僅不到兩周，同樣一批御用專家改口宣稱，此一病毒「非常接近季節性流感，可防、可控、也可治」。實際上，前後兩種說法盡是「愚民／蠢政」的表現，一種黑白變換的政治騙術。這就是中共政權的本質：以騙局打造極權統治，以謊言玩弄非菜百姓。

實際上，人民並不相信「防疫新十條」是中共真正放棄清零的政策宣示，正好相反，更多的民眾正在利用空檔，採買各種應變物資，等待又一次封城的來臨。

習近平：剝去新衣的裸體國王

儘管習近平實現了「三連任」的野心，但尚未就任就已提早進入「後習近平時代」，也就是裝腔作勢背後的愚昧無能，一個「十里不換肩」神話的破滅。另一方面，儘管習近平建立了「唯我任用」的習家軍，看似內無雜音、外無政敵，實際上卻是四處無援、孤掌難鳴。如今的習近平猶如跛腳之鴨，更像被剝去新衣的裸體國王，人民嘴上不說，但心中鄙視！

當人民看清了真相，當人民衝破了恐懼；一張白紙——什麼都沒寫但什麼都說了，徹底撼動了習近平「工農兵」水平的低級權威，揭穿習近平無科學、無經濟學細胞的「毛式思維體系」。儘管習近平依然高高在位，但是在「習近平下台」的口號之下，習近平在人民心中已經遭到罷黜和免職。

後習近平時代：一個假性統治的反諷年代

「後習近平時代」是一個危機四伏、多點爆發的新時代，是一個外強中乾、敗絮其中的內腐年代。從此以後，中國將進入一個「三不社會」：不服從、不相信、不期待。隨著習近平威權的消解與退化，中國社會將走向虛無化與頹廢化。人們不再寄予希望，而是憤怒的無奈，一種對欺騙的反欺騙！

「後習近平時代」也是一個「價值裂解／犬儒主義」的年代，一個「社會主義價值體系」的崩解碎裂，一個「反諷政治」的頹廢時期。人們不再忠於長期習慣的信仰，不再履行基於信仰而付諸行動的義務與忠誠，人們不再相信中共的宣傳與教育，不再相信黨的教條與理論，不再相信「黨的領導人」，不再相信「偉大領袖」。

習近平猶如電影《楚門的世界》（*The Truman Show*）中的楚門，身邊的官員猶如假戲真做的陪襯演員；習近平終其一生都在上演「中國版的《楚門的世界》」，不同之處在於，習近平逃不出謊言包圍的虛擬世界，渾然忘我，難以自拔。

第6章 疑：心生暗鬼平天下

「瞇瞇眼」不是辱華，而是網路民粹主義

一位女性眼睛的大小，在民族心理的扭曲性與過敏性觀視之中，在網路鄉民的集體鼓譟之下，竟然上升為一樁「辱華」和「醜化亞裔」事件；在商業廣告與庶民政治的交集處，激盪出民族主義與商品行銷的意識形態對決；在觀看與被觀看之間，引發了民族自卑與女性身體的文化內戰。女性身體不僅被商業消費，還被政治消費！

中國一家零食品牌「三隻松鼠」於二〇一九年十月推出的一部「酸辣粉」的系列廣告中，由於平面廣告中的模特兒（微博帳號「菜孃孃」）長著一雙瞇瞇眼，被認為長相醜陋、妝容浮誇，是對中國人的外貌歧視，因而在二〇二一年遭到中國網友瘋狂出征，

認為廣告涉及「辱華」（以下稱「瞇瞇眼辱華」）。一時之間，「瞇瞇眼」成為一個歧視與羞辱的代碼，成為一種心理挫折與文化創傷的隱喻。

然而，這不只是一樁單純的新聞熱議事件，而是當前中國民族心理與網路文化的反射；但是，什麼才叫「辱華」？僅僅「一雙瞇瞇眼」是否構成辱華？這場網路論戰究竟是一件嚴肅的「反抗歧視」？還是一場情緒宣洩的「網路霸凌」？究竟是「瞇眼之人」刻意辱華？還是被辱之人自己「瞇眼看人」而自取其辱？深入探索即可明察秋毫。

「瞇瞇眼辱華」事件的本質，顯示如下幾個特點：

- 不是嚴肅的擁華，而是一場網路民粹主義的激情表演。
- 不是理性的批判，而是一種審美綁架和文化自閉的發作。
- 不是客觀的評論，而是一樁消費女性身體的「辱女」戲碼。
- 不是勵志的行動，而是一次民族卑賤意識的暴露。
- 不是民族的圖強，而是一種復仇民族主義的鋤奸行動。
- 不是愛國的表現，而是文化蒼白與審美的極權化。

什麼是「辱華」？一場捕捉內敵的文化內戰

所謂「辱華」，簡單的說就是「汙辱華人」。確實，歷史上的「辱華」——對中國人刻板化、醜陋化、貶抑性的塑造，可謂不勝枚舉。黃禍（Yellow Peril）、病夫（Sick Man）、睡獅（Sleeping Lion）、支那（China）等等字詞，或是以「傅滿州」（Fu Manchu）為刻板人物的系列小說和電影，皆是描述中國人的愚昧、昏迷和可怕。然而，這些「辱華」主要來自西方，是一種以「西方之眼」（western eyes）斜視中國、貶低中國的文化成見。對此，後殖民理論家法農（Franz Fanon）和薩依德（Edward Said）以「殖民主義」（colonialism）和「東方主義」（orientalism）等觀點，已做出系統的知識建構和論述。

依據薩依德的「東方主義」觀點，「東方」被設定為一個「幽黯之域」，以襯托「西方」這一「日照之源」，在這種「本體論的等級制」之下，東方（包括中國）被貶斥為不見天日的灰暗世界。據此而言，「辱華」就是來自西方並以西方中心主義為視角，將東方世界定型化、拙劣化與歧視化。然而，綜觀整個事件過程，我並不認為掀起辱華論戰的中國網民，具有這種「後殖民批判」的知識含量與文化高度，其本質反而是一種以

「中國視角」在網路平台上進行的「民族鋤奸運動」。

因為中國網路上激烈的辱華論戰，不是單一、個別事件，從華人主演的超級英雄電影《尚氣與十環傳奇》（*Shang-Chi and the Legend of the Ten Rings*），因為男主角劉思慕顴骨太大，被批判為「辱華」；二〇二一年六月，北京清華大學美術學院一場學生時裝秀的「丹鳳眼妝容」，被質疑迎合西方、自我醜化。還有二〇二一年世界知名時尚品牌迪奧（Dior）展出中國攝影師陳漫的系列作品，因為模特兒滿臉青春痘和黑眼圈，面容陰黑憔悴，被嘲諷以「來自陰曹地府的女人」醜化中國人；再到中國自製的動畫電影《雄獅少年》，也因為劇中人物眼睛太小而被抗議「辱華」。這一波波的辱華論戰，不是針對西方反華勢力，也不是反擊西方敵對國家，而是劍指中國內地或海外中國人。因此，這場辱華事件與其說是針對西方有色眼鏡進行反歧視對抗，不如說是一場在中國內部尋找漢奸、捕捉內敵、清除異己、剷除敗類的文化內戰。

實際上，中國知名導演張藝謀最擅長製作中國民族的黑暗與苦難，以西方精神分析的官能症狀來解讀中國的民族心理，自行生產一種「民族自虐文化」以供西方社會消費和品嘗，那麼，張藝謀是否也辱華？中國歷史紀錄片《河殤》，以「黃色的／藍色的、大陸的／海洋的、停滯的／發展的」二元對立來區分中西文明，不也證明中國知識分子就是以西方「優劣二元」的殖民論述來書寫自己的文化？這種「自我辱華」和「文化自戕」，又豈是一個商業廣告和小眼模特兒所能比擬？

瞇瞇眼辱華：中國社會的「自我東方化」

弔詭的是，「丹鳳眼」向來被視為中國傳統美女的特徵（男性則是「臥蠶眉」），其細長、外斜、上挑的造型，貌似一種珍禽「丹鳳」，故以丹鳳眼命名，具有美麗聰慧、才能出眾的意涵。中國有句古諺：「龍眼識珠，鳳眼識寶，牛眼識青草。」就是對「丹鳳眼」的肯定。被中國視為忠孝兩全的「愛國英雌」花木蘭，在動畫電影中就是一個丹鳳眼的小姑娘，中國義俠關羽也是以「臥蠶眉」知名，中國人對此義薄雲天的偉人千年膜拜。

許多西方藝術家因為認定這種眼型為中國人所喜愛，是「中國美女」的象徵，所以多半以「丹鳳眼」來塑造中國女性，本意是投中國人所好，其實是一種「媚華」；不料，當代中國的美女意象早已被西方美女意象所同化，當今中國人不能接受「丹鳳眼」成為中國女性的審美標記，反而認為濃眉大眼、鼻梁高挑、膚色白皙、金色染髮才是中國美女的特徵。如果中國網民對於「被西方定義的東方形象」覺得反感，那麼中國網民不也是以「西方美女」來否定「中國美女」？實際上，中國人的審美標準早已被西方殖民改造和置換，許多人認為中國女性必須長得像珊卓・布拉克（Sandra Bullock）、娜歐蜜・華茲（Naomi Watts）、莎莉・塞隆（Charlize Theron）才是美女。殊不知，今日的「瞇瞇眼辱華」恰恰是以西方的美女觀批判中國的美女觀，這是一種自己戴上西方有色眼鏡之後，再來觀看中國女性的「審美倒錯」，是一種自己的審美意識被西方殖民之後再來批判中國女性美感的「文化自閉」，這與其說是「辱華」，不如說是「自辱」，也就是自取其辱。

如果薩依德的「東方主義」旨在指控西方對東方的刻板化、定型化與妖魔化，那麼「瞇瞇眼辱華」事件就是中國社會的「自我東方化」，自跳西方挖井設陷的「殖民內在化」，以及自投羅網、暗自附合西方國家厭中、恐中、仇中的「中國主義」。

中國網路民粹主義有如洪水氾濫

自「眯眯眼辱華」爆發以來，網路上擁入成千上萬所謂「愛國網民」，對「三隻松鼠」的廣告與模特兒進行了粗魯的攻擊，甚至有大量網友湧入「三隻松鼠淘寶直播間」，對主播進行言語攻擊。過於不雅的言論在此不列，比較溫和的包括指責模特兒眼睛賊眉鼠眼、陰鬱、不大氣、醜陋，指責這部廣告崇洋媚外、居心叵測等等。事實上，這種給模特兒扣帽子、打標籤、噴髒水的行為，早已構成網路霸凌、名譽損害和人身攻擊，反映的是在「反辱華」洪水氾濫之下，一種網路私刑的審美綁架、堆柴燒火的民粹攻擊、惡言跟隨的義和團行徑。儘管「微博管理員」封鎖了惡言相向的帳號，聲明網路發言應該理性客觀、文明友善，不應引戰對立；中國官媒也出面調停緩頰，認為每人長相各有特點，看見小眼睛模特兒一律就是辱華，太過敏感，但這些封號和打圓場，恐怕也無法掩蓋中國社會能量巨大的「網路民粹主義」，無法澆熄「網路霸凌兵團」心中的黑火。

視覺政治的自卑效應

從「視覺政治」（politics of vision）的角度來看，一個「觀視行動」是由作者

（writer）、物件（object）、觀視者（viewer）三方所組成，一個形成於觀視行動中的意識形態產出，也是由這三者共同醞釀而成。在這種構成中，不一定都能產生「共鳴」，有時候反而是「衝突」，甚至不忍卒睹。

實際上，「瞇瞇眼辱華」事件與藝術審美毫無關聯，但卻是一種大眾媚俗的觀視與資本主義廣告行銷之間的認知落差。這位名為「菜孃孃」的模特兒，本人根本沒有能力也不可能故意辱華，若不是有人刻意挑明，其本人也不知自己在辱華。她只是資本主義商品設計下的一個模型（model），一個攝影機前的「物件」，一個被形塑的擬真物象。中國網民對這一模特兒進行人身攻擊，咬定模特兒刻意辱華，實在大可不必，只能顯示觀視者的愚昧與低俗。

在作者方面，作者是一個廣告攝影師，不是博物館藝術家，也不是政治煽動家。對於一個行銷工作者，純粹美學不是設計重點，刺激消費、促銷商品才是賣點；頂多，設計者會運用一些專業技巧和風格塑造，抓住人們的眼球，吸引消費者購買商品。對於作者而言，他是在執行一種「身體消費體系」（system of body-consumption），一個模特兒代言的商品行銷。法國社會學家布希亞（Jean Baudrillard）在《消費社會》（*La société de consommation*）一書中指出，身體與消費的關係，是一種以身體為對象而將特定的價值觀念凝結在消費行為的社會體系；在這種體系中，身體是消費的買點，消費則是身體的鑄模，也就是以身體的塑造誘發商品購買的欲望。今日，身體已成為一種「符號消費」，資本主義必須賦予女性身體最大的消費價值，才能實現產品熱銷和利潤增值。所以，除非作者準備辭職回家種田，否則刻意辱華以至於妨礙商品消費，絕不可能是作者的本意。

在觀視者方面，其觀視效應必然與自身的文化意識相聯結，「辱華」的產生必然是一種與其民族情感相衝突的反射對應。網路鄉民與藝術鑑賞家的觀視效應當然不同，必然產生專業鑑賞與大眾媚俗的落差，而「瞇瞇眼辱華」正是網路鄉民世俗審美下對其自身民族自卑感的誘發，這種世俗審美看到的是視覺政治中的負面元素，而不是作品中的美學成分。換言之，觀視者在觀看他人時也被他人觀看，當一個懷著民族自卑的「觀視之眼」對應一個資本牟利的「瞇瞇之眼」，觀視者的意識形態惡感——受害意識、仇富心態、厭女情結、反帝思想等等，便油然而生。

究竟是「辱華」？還是「辱女」？

然而，對一個女性的眼睛大小進行意識形態的品頭論足，乃至以其「尺寸」來評斷美醜，本身就是對女性的羞辱和歧視，也就是「辱女」。「美女」一詞，本身就是一個男性沙文主義的「霸詞」，是男性「窺欲視角」對女性身體的消費。為什麼女性一定要嬌豔欲滴、千姿百媚才能供男性觀賞？為什麼女性一定要滿足男性的欲望而存在？為什麼女性的形象與體態，非要裝置成男性歡愉視角下的情欲獵物？

美國身體藝術家漢娜·威爾克（Hannah Wilke），在其《內在維納斯系列》（*Intra-Venus Series*）作品中，將自己罹患癌症的痛苦體態置入自己的作品中，公開展示自己被癌細胞侵蝕腐壞的身體，因化學治療而導致的脫髮和禿頭、深陷而泛黑的瞳孔、插在胸口上的針管、臃腫而下垂的腹肉、染血的紗布、移動的便盆、裝置藥物的容器等等，其目的就是以不堪的畫面，來解構（deconstruct）男性的「獵女欲」和「窺伺癖」。威爾克的目的是在展示一個從呱呱墜地、青春貌美、成熟老化、步向死亡完整演化歷程的女性「生命體」，而不是秀色可餐的「情色體」，儘管如此，沒有人會因此批評她在「辱美」。

同樣地，美國攝影師黛安·阿巴絲（Diane Arbus）的作品，都以異裝癖（transvestites）、侏儒、巨人、聾啞、老弱婦孺、弱智、娼妓、紋身人、垂死者、裸體主義者等等為創作對象；其作品盡是「獻醜」而非審美，其難堪之處遠勝於一雙瞇瞇眼，但也沒有人因此說她是「辱美」。換言之，中國網民以眼睛大小對女性進行美醜論斷，若非是男性沙文主義作祟，就是網路上不見天日的男性窺欲蠕蟲四處爬行。

正如這位「菜孃孃」面對辱華指控而作出反擊時指出，「瞇瞇眼」乃是父母所賜、與生俱來，無法選擇，若說「小眼睛」就是辱華，那豈不從呱呱墜地就開始辱華？勇敢的「菜孃孃」大聲反問：即使天生一雙瞇瞇眼，就不能做中國人？一個女性的眼睛為何非要符合大眾媚俗的標準不可？在此我也要問，「菜孃孃」並非政府外交官或發言人，其眼睛大小為何必須符合官方標準？就身體主權來說，中國女性的身體究竟屬於自己？還是屬於國家？

辱華，一種卑賤意識的變形異化

辱華，絕非一個單詞、一雙瞇眼、一張照片或一席服裝所能奏效，這些只是一種表徵（symbol）或隱喻（metaphor），必須通過演繹和賦義（enrichment），才能形成一套文化系統。從結構語言學的角度來說，「黃禍」作為一個「能指」，其所指涉的「所指」若只是「黃色的禍害」，那就不知所云、毫無意義，但如果在指涉中演繹出「黃種的中國人是一個對西方具有威脅性與禍害性的危險民族」，那麼「黃禍」才成為一個具有歧視性的文化代碼，再與其他相近的言說和陳述進行「語言的結構化」，才能構成定形的「辱華論述」。

進而言之，辱華，作為一種歧視性文化系統，必須在這些表徵與隱喻背後具有一整套的論述形構（formation of discourse）、一序列的論證（argument）、一連串的想像（imagination）和表述（expression），才能結構化與定型化，其中還必須包括一種主導性的意識形態；特別是主客之間一種不對稱的權力關係，進而形成上位對下位的貶抑或壓制機制，才能構成「羞辱」，例如強國對弱國的歧視、優勢文化對弱勢文化的欺凌、多數民族對少數民族的壓迫。然而，一家零食公司的行銷廣告、模特兒的瞇瞇眼，並不存在公司對消費者的權力壓迫關係，而是生產與消費的對價與交換關係，一種市場關係而非政治關係。換言之，既不存在個別模特兒對個別消費者的欺凌，也不存在生產者對整體消費者的歧視；這部瞇瞇眼廣告就只是一支廣告，其目的就只是促銷，除非商家想自毀品牌，否則生產者不可能以羞辱的手段，從上至下逼迫消費者購買其商品。

但是，如果消費者自存自卑心態，也就是俗稱的「玻璃心」，乃至心存積壓良久的被迫害意識，那麼即使一個單詞、一雙瞇瞇眼，也可能勾連出消費者的羞恥意識和被迫害想像，以致採取極其簡化的「辱華」加以指控。這就是一種黑格爾（G. W. F. Hegel）《精神現象學》（*Phänomenologie des Geistes*）中的「主奴辯證法」（master-slave dialectic）所稱的「卑賤意識」（niedertr chtigkeit）.;這種卑賤意識是一種非自主、依賴型、自我貶抑的被壓迫意識，它處於非自我實現、非主體化、非進化的異化階段，它沒有獨立判斷的能力。

「創傷的民族主義」轉向「內戰的民族主義」

中國的愛國主義，實際上是「創傷的民族主義」（traumatic nationalism）的修辭性表達。創傷，是指中國自十九世紀以來遭受帝國主義欺壓和不平等條約的束縛，民族心理受創深重、難以平撫，史稱「百年屈辱」。而當中國國力日趨壯大之後，這種創傷的民族主義就會走向圖強的、擴張的、排外的「復仇的民族主義」（avenged nationalism）。習近平提出的「中國夢」以及具有地緣政治擴張野心的「一帶一路」「亞投行」，乃至戰狼外交、中美對抗、武統台灣，都是一種復仇民族主義的具體表現。

然而，當「復仇的民族主義」遭到挫折或阻力之後，例如中美對抗屈於弱勢，「中國崛起」遭到國際社會的阻礙和孤立，「復仇的民族主義」就會再度轉變成「二次創傷的民族主義」（secondary-traumatic nationalism）。這種二次受挫的民族主義會因報復不成而自殘，會催生激越和野蠻的愛國主義，會從排外轉成排內，最終轉向一種「內戰的民族主義」。

民族主義從排外轉向排內，算是一件奇聞怪事，但並非不可理喻。中國人的思想慣性是：外敵壓境必有漢奸內應，有時漢奸之危害更甚於外敵。所以「外敵」與「內奸」是一組仇恨民族主義的雙引擎，相互增壓動力、加速奔馳。譏譏眼辱華並非新仇，而是從兩年前的廣告挖掘出來進行鞭打的「舊恨」，也就是通過網路搜索進行抓漢奸、除內賊，這種抗擊外敵不成轉向剷除內奸的作為，正是「二次創傷的民族主義」的集體發作。

審美也要極權化？

最後，「二次創傷的民族主義」是一種加強版的民族主義，其民族心理具有更多的疑難雜症，也容易造成政治極權化、民族脆弱化、文化單一化、思想自閉化。中國網民要求模特兒必須擁有「一雙愛國主義的眼睛」，要求一部廣告必須表現「愛國主義的廣告」，這是一種「審美極權化」的表現，也是今天中國民族自卑與心理失衡的綜合表現。

我的結論是，瞇瞇眼模特兒並非中國真正的民族仇家，而是網路傳染下的「情境式敵人」，這個情境是由無數個孤獨、自卑、粗魯、偏激的網路遊民隨機群聚而成的仇恨情境，一個「多打一」的霸凌部落。這種「網路鋤奸」，也就是把根本不是政治問題的事件政治化以致彼此為敵，永遠不會使中國人從此不再受辱，也不會使中國人從此獲得他者的尊重。中國人應該努力的是，研究並揭露西方世界辱華的知識宰制與專業統治，解構「西方主中心主義」與「東方主義」的論述構形與操作策略，而不是對一個「打工模特兒」和促銷廣告鳴槍開炮。

為習近平服務！中國走向「新蒙昧主義」

中國共產黨有一句政治口頭禪「為人民服務」，但真實情況是「人民為習近平服務」。在二〇二二年中共二十大之前，人們清楚看到一個極權體制如何為一個獨裁者張燈結綵、搭橋鋪路。為了習近平的連任大業，舉國上下全力清洗網路、整肅異見、營造和諧，藉所謂「打擊謠言」來掩飾真相，以炮製「歷史新詞」來鋪設習近平的萬年帝業。

肅清網路營造和諧假象

中共中央「網信辦」（全稱為網路安全和信息化辦公室）於二〇二二年九月二日宣布開展為期三個月的所謂「清理網路謠言和虛假資訊」整治行動，其內容有四個要點：

1. 全面而深入清理網路謠言和虛假資訊，著力解決舊謠言反覆傳播、新謠言層出不窮的問題。
2. 最大限度擠壓網路謠言和虛假資訊生存空間，營造清朗網路環境。

3. 對首發惡劣謠言、多次傳播謠言、利用謠言進行惡意行銷炒作的帳號主體，納入黑名單管理，情節特別嚴重的，全網禁止註冊新帳號。

4. 設立網路謠言和虛假資訊專門舉報入口，細化分類標準，發動廣大線民積極舉報，廣泛提供證據線索。

表面宣稱清理謠言和虛假資訊，但明眼人一看即知，這是中共二十大之前刻意發動的一場清除反習言論、整肅反對異見、鎮壓真相傳播的「網路政治工程」，藉此營造風和日麗的網路空間，量身訂做「國王新衣」，以迎接習近平萬年國家主席的來臨。換言之，網路始終是中共打擊異己、監控人民的工具。作為人類科技共同資產的網路科技，以知識傳播、資訊共享為宗旨的網路功能，在中國從來就不是公共資產，而是獨裁者的言論鍘刀與政治棍棒。

製造謠言打擊世界真相

實際上，從官媒、網信、宣傳、統戰到外交，中共才是世界上規模最大的「謊言製造機」和虛假訊息的傳播中心。中國外交部發言人趙立堅，作為一個政府對外傳播的窗口，就是一個「不斷製造新謠言、反覆傳播舊謠言」的說謊大師，包括宣稱美軍把新冠病毒帶到武漢，利用P圖照片詆毀澳洲駐阿富汗軍人殺害平民及俘虜，製造美國在烏克蘭發動生化戰爭，以拼圖說故事的蒙太奇手法宣稱美國自導自演九一一恐怖攻擊等等。在這些茹毛飲血的戰狼外交官眼裡，良心可以當作肉包子來打狗，道德可以任由政治陰謀腳下踐踏。這些「睜眼說瞎話」的粗魯行徑，背負謊言一籮筐的政治使命，除了證明中國是一個遍地謊言的國度之外，別無其他。

最近一次滑天下之大稽的謊言，來自中國駐北愛爾蘭貝爾法斯特總領事張美芳一篇〈美國侵略史一瞥〉的推文。她發布一張「美國侵略史時間表」，從美國獨立戰爭（一七七五年至一七八三年）開始，一直羅列到二〇〇三年美國攻入伊拉克，其中甚至把二戰期間抗擊日本皇軍的美國，稱為「第二次世界大戰的侵略者」。這種把曾經與中國並肩作戰，流血抵抗日本侵華戰爭的美國視為侵略者，等於也把中國視為「侵略共犯」，這種歷史無知與扭曲，充分證明一個「只為習近平一人服務」的外交官，可以裝瘋賣傻至良心倒掛的醜態，可以扭曲事實至道德糜爛的地步。

對於這些服務一人的外交官而言，歷史事實必須在習近平的權力欲望面前變調失色，客觀真言必須在習近平的野心陰溝裡入棺埋葬。

竄改歷史以服務政治陰謀

其實就在二十大前夕，中共宣傳部門突然大力推廣一篇發表於《歷史研究》的學術文章，名為〈明清時期「閉關鎖國」問題新探〉。這篇充滿「史學陰謀論」的文章，不僅為習近平鋪設獨攬權力的紅毯，而且還編造歷史名詞為習近平遮羞掩醜。其主要論點有三：

1. 為中國近代自明清以來「閉關鎖國造成積弱不振、被動挨打」的歷史觀，進行改名與翻案；認為「閉關鎖國」是西方中心主義炮製的辱華產物，因而不能以「閉關鎖國」來解釋中國衰落不振的原因。
2. 創造一個「自主限關」的新名詞來取代「閉關鎖國」，認為「自主限關」並非一無可取，而是中國基於民族利益的自主性選擇，具有抵抗外來侵略、維護民族文化、保衛國家安全的積極作用。

3. 為近年來反習派攻擊習近平閉關鎖國、開歷史倒車、反改革開放、總加速師等等控訴進行理論反擊，以「歷史變名」和「創造新詞」來為習近平製造政治正確，為習近平二十大連任保駕護航。

中國將走向「新蒙昧主義」

如果配合發表於同名刊物前一期的文章：〈義和團運動不應被「汙名化」〉來看，二十大以後的中共路線，將出現以下三條路徑：

1. 運用「自主限關」的新名詞，沿襲義和團「扶清滅洋」的歷史遺產，走向「扶共滅洋」的「新鎖國路線」。換言之，為了保住習近平的獨裁統治，不惜關閉面向世界的大門，隔絕西方世界，拒絕現代文明，以封建對抗進步，以封閉抵制開放。

2. 既然是「限關」，那就意謂徹底拋棄改革開放路線。在此意義下，時任中國國務院總理的李克強出訪深圳的「改革誓言」將被翻轉丟棄，不僅「黃河長江開始倒流」，乃至黃浦江、珠江和內陸所有江河統統都要倒流。中共將告別四十年來的改革開放的路線，重返毛澤東集體計畫經濟體制；在未來長期「經濟下行」的結構性困境之下，在全球文明向前奔馳的列車上，中共將倒掛車尾，甚至被拋出軌道。

3. 中共將走向一種「新蒙昧主義」的倒退之路，例如強制重慶一千二百萬居民在烈日下做核酸檢測，結果只得出兩例陽性的「腦殘防疫」；給魚、鴨做核酸檢驗這種「人要清零、動物也要清零」的反科學笑話；以「自力更生」為名，投入千億人民幣搞「晶片大躍進」，結局卻是「晶片大貪腐」；乃至下令禁止藝人取用外國藝名，以致如辣目洋子、Angelababy等藝人必須限期改正等等。凡此種種，必將造成民族智能的低下與種族基因的弱化，使中國人從「井底之蛙」退化至「井底蝌蚪」的境地。

一曲民族悲愴交響曲

本族文化的精進與提升必須借助異族文化的交流與融合，才能培養文化創新與文明進化的動力。無論「閉關」還是「限關」，皆是文化內捲、歷史倒退與國家失敗的產物。可以預見，習近平這種反科學、反理性、反知識的蒙昧思想和愚民體制，將在中國的大地上響起一曲民族悲愴交響曲！

失速危機 「全景監視社會」的來臨

中共二十大之後，中共當局不僅繼續堅持動態清零，甚至進一步推行所謂「電子健康碼」，藉「健康／醫療」之名，開始建立全民電子醫療大數據庫，從目前「清零局部控制」走向未來「醫療全面控制」的狀態。實際上，清零已經證明不是針對病毒，而是監控韭菜百姓；電子碼也不是為了健康，而是監控人民的身體隱私。換言之，為了防止異議分子的反抗，封堵一般公民的批評與抱怨，以及確保習近平宣稱的紅色江山「不變質、不變味、不變色」，在中國的數位監控技術已達到高智能、全滲透的狀態之下，中國將成為一個「全景監視社會」（society of panoramic-surveillance）。

社會控制：天羅地網、形影不離

歷年來，中共用於「維穩」的經費始終高居財政支出的第一位，顯示中共對內敵的防範勝於外患，對維穩的重視高於人民的溫飽。據統計，這項被中共以中性名詞稱之的「公共安全支出」（Public safety spending），在二〇二〇年達到二千一百億美元，十年內增加了一倍多，比國防支出高出七％。另依據高盛集團（Goldman Sachs）經濟學家二〇二二年五月發布的估算，以每四十八小時接受一次核酸檢測的頻率計算，估計每年耗資可高達二．五兆元人民幣，顯示美名為「舉國之力」實則「揮霍財政」也要堅持維穩和防疫，是中共專政治理的最高原則。

以防疫人員皆非專業的公衛人員擔任，而是由當地政法委（公安與警察）負責管理就可證明，這種以天價（維穩）經費所支撐的清零政策，已不是科學的公共衛生行動，而是為了廣泛的社會控制（social control）。目前，中國大陸已經擁有和裝置了高達一．七六億顆的監控攝像頭，這些鏡頭布滿在街角、巷口、公路、十字路口、公園、地鐵天花板、酒店大堂和公寓樓裡，有如天羅地網，形影不離。這億萬隻「黨的眼睛」，無時無刻記錄著人們的生活蹤跡與行動意圖，探索著人們的意識與靈魂。截至目前，中共當局已經能夠成熟而精確地運用手機掃描工具、人臉識別相機、指紋與視網膜辨識系統、機器人搜索DNA生物數據庫等等，追蹤人們的手機和電腦，記錄人們的購買行為和會面活動，緊盯人們線上聊天的話語，對人們的貼文進行政治判斷。

電子健康碼：中國特色的社會監控系統

跡象顯示，清零可以緩解，監控不能放鬆，代之而起的是「全民電子健康碼」。二〇二三年十一月十日，中國國家衛健委宣布推行一項「十四五全民健康信息化規劃」，其內容包括所謂「二〇二五全民電子健康碼」，其操作方式是以居民身分證字號為「二維碼」（QR Code），也就是建立「一碼通用」的電子追蹤系統，預計在二〇二五年組建完成所謂「全民健康信息平台」。

依官方的宣布，這個台平台將採取：

以統一權威的方式，將中國居民的健康檔案、電子病歷、人口訊息等個資寫入數據庫，與公立醫療機構互通，讓每個居民都有「功能完備的健康碼、和動態管理的電子健康檔案」。

以醫療為名的數位暴政

所謂「二〇二五全民電子健康碼」，美其名為「推展的醫療數位化政策」，實際上是中共二十大以後，由習近平親自部署的「數位極權主義的新暴政」，也就是從「清零局部封控」進一步走向「全社會極限封控」，一種「國家駭客行為」，一種「深控制、廣滲透」的極權暴政。實際上，所謂「電子健康碼」就是「電子鐐銬」，也就是以健康管理為由，實施全民的人身監控與隱私探密。至於所謂「電子健康碼」和「防疫健康碼」有什麼不同？雖然中共官方特意強調，「不能將二〇二五電子健康碼和現在的防疫健康碼畫上等號」，但實際上，就是等號！因為兩個系統隨時可以連結，只要「按一個鍵」

就可以實現連線和串通。

「生命政治」的中國實驗場

法國哲學家傅柯（Michel Foucault）在「法蘭西學院講座」中提出一個「生命政治學」（bio-politics）的觀點，就是國家以人口優化、醫療管理、疾病防治、病患隔離、生育計畫等等為理由，對個人生命，包括遺傳基因、種族類別、體能優劣等等生命特徵，乃至宗教信仰、性格取向、文化偏好等等社會特徵，進行一種微觀的、入侵的、無遮蔽的介入與操縱，藉此達到國家權力對「生命個體」滴水不露的滲透與控制，實現國家權力對人身的精準控制。傅柯的觀點揭示了權力如何管理人口的「生命政治」命題，亦即「生命」如何成為權力規訓（discipline）與「懲治」（punishment）的集中領域，個體如何成為政治施控（manipulation）與思想教化（cultivation）的對象。

這種生命管理包括對城市大型人口的宏觀配置（人口的解剖政治），以及對個人身體的微觀控制（身體的解剖政治）。在傅柯的脈絡中，「生命政治技術」尚且具有正向的功能，是一種國家運用訓練、教化、管理等等方式，培養健康、有用、具有生產力的

「公民人口」。但是在中共的社會控制體制下，「生命管理」不是一個增進生命素質與優化人權的問題，而是一個關於（城市）空間與（居民）身體如何納入黨國防疫策略與醫學干預的技術操作問題。未來這種「全民電子健康碼」就是一種「生命政治學」的運用，一種對個體的「生物性操縱」。在此意義上，個體生命只是一種「身體解剖學的存在物」，一個「醫療政治」的冰冷客體，沒有人性與人道存在的餘地。

一如義大利哲學家艾斯波西多（Roberto Esposito）在《生物：生命政治與哲學》（*Bios: Biopolitics and Philosophy*）中指出的，「生命管理」是把個體生命置入例外狀態、法律孤島、人道免除的狀態；這是一種主權政治對個體生命進行「政治玩弄」的骯髒遊戲，藉由保護生命而摧毀生命。實際上，記錄在「電子健康碼」上的每個公民，看似以健康之名進行數據建檔，但是在「編號」與「姓名」之間，在冰冷的數據與鮮活的生命之間，具有一種「生命政治」與「死亡政治」（thanatopolitics）的辯證關係：一方面，居民以系統形式成為電子奴隸；一方面黨國以「法外主權」進行無縫統治，也就是黨國在管理「有生生命」之時將所有公民帶向「死亡生命」。

一個「中國牲人」的荒漠國度

義大利哲學家阿岡本（Giorgio Agamben）在他的《主權權力與裸命》（*Homo Sacer: Il potere sovrano e la vita nuda*）一書中，提出了所謂「牲人」（homo sacer）的概念。「牲人」是指一個被詛咒的犧牲者，一種被挖空一切、赤裸一身的「裸命」（bare life），一種被主權權力剝離身體權利並處於例外狀態（the state of exception）的賤民，一種因為染疫（或原罪）而被視為純粹的生物體，一種「去主體化」（de-subjectification）的存在物。

阿岡本的其他著作，例如《奧斯威辛的殘餘者》（*Remnants of Auschwitz*）、《沒有目的的手段》（*Means Without End: Notes on Politics*）等等，完全適用於描寫和對應一個「中國特色的社會監控體制」。以長達三個月的「上海清零」為例，在鋪天蓋地的封城之中，上海完全失去了一個現代文明空間的優勢與特性，僅僅變成一個「營」（camp），一個「全景監視」（panoptic）下的巨型監獄；至於「市民」則被假設為一個個病毒可能棲身、散播、惡化的「病體」，一個類似「牲人」概念下的「不潔之物」。實際上，在疫情爆發之際，法律就已預先對上海居民作了「有毒推定」，把上海市民生活界定為「有毒的先驗狀態」，失去作為公民而享有人權保護的資格（也就是牲人待遇），成了黨國權力監控下的「中國牲人」。

中國式「楚門的世界」：從動態清零到全景監視

一般而言，個人的身體狀況與醫療紀錄屬於個人的高度隱私，只有醫護專業人員在診療期間才能參考和運用，但是中共當局卻可以公然掌握全民的隱私，管控全民的「生物數據」。於是，《楚門的世界》這部原本屬虛構的科幻喜劇片，未來將成為中國人民生活的真實寫照，在一個充滿謊言的世界中被「體無完膚」的監視與操縱。

在「電子健康碼」施行之後，一個「全景式的監獄」（a prison of panopticon）將在中國出現。「全景監獄」（panopticon）是十八世紀英國哲學家邊沁（Jeremy Bentham）所設計的一種新型監獄建築，採取三百六十度環形監視的方式，對所有囚犯進行「動態監視」。於是，中國人民下載到手機上的「電子健康碼」，就會像一個「電子發射器」，國家則是「數據蒐集庫」，每個人從早上起床到晚上睡覺，無論你做什麼事，都在國家的監視之下，並且永遠被記錄在國家的檔案數據庫之中。

一旦「電子健康碼」通行以後，中國就會成為一個法治素質低落卻擁有高科技武器的警察國家，成為一個「全景監視社會」，一個有史以來最恐怖、最真實的數位極權國家。

第三部 ▸ 辯，才無礙！

舉國由中央至地方、上下交相賊「以誑言掩飾真相」，卻是「欺人後而自欺」的各式「詭辯」，恐將領著中國走入末日之境……

第7章 邏輯漏洞還是腦洞：看習近平的五大詭辯

中國的「歷史詭辯」：竄改港史

詭辯（sophism），是指一種修辭詐騙和邏輯混沌的言說技巧，一種以假亂真、似是而非的話語陷阱，目的是「以誑言掩飾真相」，結果是「欺人之後而自欺」。「詭辯之術」源自希臘，意指為了自己利益而不遵從清晰原則的教育販子；中國也有詭辯家，以公孫龍及名家為始源，所謂「白馬非馬」最為人知。漢代劉安的《淮南子》寫到：「詆文者處煩擾以為智，多為佹辯。」意指玩弄文辭而自以為聰明，其中的「佹辯」就是詭辯。

詭辯是當前中國「政治論述」（discourse of politics）和利益擴張的基本戰略，是唬弄國際社會的外交修辭，也是洗腦人民的宣傳魔術。只有「批判性解構」才能揭示其詭辯背後的真實。

香港不是英國殖民地？

二〇二二年七月一日是香港主權移交中國二十五周年，無論習近平是親自前往或視訊參加慶祝，都不重要。重要的是中國和港府提出所謂「香港從來不是英國殖民地」的論述，各種說法（包括修改教科書）都在否定和改寫香港的歷史。這就是中國的「歷史詭辯論」，目的是以香港的「去殖民化」為中國的政治利益服務。

據《明報》報導，香港三家出版社的四本經送審的公民科課本，全都明確表示「香港不是殖民地」。課文中寫道：「雖然英國按照殖民地模式管制香港，但清朝以後的中國政府均不承認不平等條約，亦從沒有放棄香港主權。」也有課本以補充資料對「殖民地與殖民統治」進行說明指出，「若國家宣布一地區為該國殖民地，國家享有該地區的主權和治權；若國家對一地區實行殖民統治，該國家『只擁有該地區的治權，並不擁有主權』。」課文還寫道，中國一直擁有香港的主權，英國「只是在香港實行殖民統治，因此香港不是英國殖民地」。

中國所持的理由有三：

第一，基於中國常駐聯合國代表黃華於一九七二年三月八日致函要求，一九七二年十一月二日聯合國通過二九〇八號決議，以九十九：五之多數，刪去了香港和澳門在《反殖宣言》的殖民地區名單。

第二，香港被英國所占有，乃是十九世紀中葉以來英國殖民主義者不斷發動侵略戰爭，以中英三個不平等條約掠奪式強加於中國的結果，中國自始不承認這些不平等條約，並從不放棄對香港的主權。

第三，《香港基本法》第一條和序言載明，中國是「恢復」行使主權，不是「收回」主權，主權從來沒有丟失。香港不是英國「殖民地」，英國只是對香港實施「殖民管治」。

中國扭曲聯合國二九〇八號決議

實際上，中國所依據的所謂《反殖宣言》，全名為《准許殖民地國家及民族獨立宣言》（*Declaration on the Granting of Independence to Colonial Countries and Peoples*），於一九六

〇年十二月十四日聯合國一五一四號決議通過，決議認定包括香港在內共有七十四個地區尚未實現自治。其後於一九六一年十一月二十七日，聯合國又成立「給予殖民地國家和人民獨立宣言執行情況特別委員」（簡稱「執特會」）作為附屬和執行監督機構。實際上，《反殖宣言》上明載「確認殖民地人民及外國統治下人民為行使其自決和獨立權而運用一切必要手段進行鬥爭的合法性」，也就是賦予非自治領土人民前途自決的權利，其所依據的正是《聯合國憲章》第七十三條b之規定：「尚未自治的殖民地，必須依照各地的情況，逐步協助使其自治」，而二九〇八號決議除了再度確認一九六〇年十二月十四日通過的《反殖宣言》之外，還要求特別委員會提出辦法，使殖民地都能盡快自決獨立。所以，無論從《反殖宣言》的背景和二九〇八決議主旨來看，皆與中國提出的「刪除」和香港的主權宣稱，根本文不對題，甚至是陳倉暗渡。

然而，中國不僅在二九〇八號決議中以「議案夾帶／附帶通過」的方式偷渡成功，而且將「九十九：五」的投票結果，也就是把「九十九個委員國支持殖民地自決」，扭曲成「九十九：五個委員國反對港澳人民自決」，這就是中國精巧而心懷不軌的「歷史詭辯論」。

至於中國所稱中英「三個不平等條約」，依據大清道光皇帝欽文，一八四二年中英《南京條約》明載，「今大皇帝准將香港一島給予大英君主暨嗣後世襲王位者常遠據守主掌任便立法治理」，其中「常遠據守主掌任便立法治理」即是一般所稱「割讓」一詞的由來；中英《北京條約》亦載明大清割讓九龍予英國並納入英屬香港；至於《展拓香港界址專條》則是大清將九龍界限街以北及附近的島嶼和海灣（一般稱為「新界」）租借給英國，若租約期滿，中國自當有權收回。但租借性質的《專條》和割讓性質的南京、北京兩條約截然不同。

中國對香港地位的文字障眼法

至於所謂中國對香港「恢復行使主權」而非「收回主權」，恢復與收回本屬「近似語」，強調這其中的差異純屬文字障眼法。主權若從來沒有丟失，何來「恢復」？難道是主權「失蹤」成為無主之物，如今自行物歸原主？「恢復行使」難道不是「過去未曾行使」？如果主權始終屬於中國，何以在一九九七年以前，中國連「治權管轄」都不及於香港？何以香港總督是由倫敦派出而非中國指定？再者，治權本來就從屬於主權，如果英國始終沒有香港的主權，有什麼理由對香港進行「殖民統治」？若說中國「光榮地」恢復行使主權，何以在二十五年前做出「一國兩制五十年不變」的承諾，走不到一半就已灰飛煙滅？

實際上，一八四三年六月，英國就以《英皇制誥》（*Hong Kong Letters Patent*）通過了《殖民地憲章》，規定香港為一個殖民地。一九一一年之後，英方確定使用「the Colony of Hong Kong」為香港的官方名稱。而後在不同的場合，英國以「直轄殖民地」（crown colony）或「附屬領地」（dependent territory），來描述英治時期香港的政治地位。

另一方面，港府在說明香港立法機構的歷史沿革時，也指出「香港自一八四一年一月二十六日起至一九九七年六月三十日止是英國的殖民地，其首份憲法是由維多利亞女皇以《英皇制誥》形式頒布，名為《香港殖民地憲章》，並於一八四三年六月二十六日在總督府公布」。然而，這段過程與歷史，曾經是港府自身所記錄和確認的史料，中國今日一概予以忽視和否認。

實際上，在一九八四年簽訂《中英聯合聲明》中，中國同意在一九九七年將香港的主權「移交中國」，英國政府則同意將香港「交還」（restore）給中華人民共和國，在不同場合，英國是以「交接」（handover）或「主權轉移」（transfer of sovereignty）描述香港主權移交，而中國官方也一向在各種場合宣稱香港是「回歸」（return）中國。

沒有歷史事實，只有「黨的詮釋」

作為民族屈辱的不平等條約，固然是全體中國人慘痛的記憶，但歷史事實就是事實。改寫教科書或竄改歷史事實，並非記取民族教訓的正當途徑。實際上，中國對香港進行「去殖民化」，目的在使今日香港「內地化」和「中國化」，也就是變「一國兩制」為「一國一制」，變「港人治港」為「愛國者治港」，最終杜絕香港獨立的可能誘因，也就是竄改歷史為政治利益服務。中國批評西方國家指責中國竄改香港歷史，是出自以「自決」為口號煽動港獨的政治動機，但中國對香港的去殖民化，一樣也是出自政治動機，只是動機完全相反！對中國而言，歷史不存在「事實」，只有「黨的詮釋」。

只要中國一句「不予承認」，所有國際條約、公約、聲明或協定，一概成為廢紙一張！

中國的「法律詭辯」：例外狀態

中國近期以來最大的法律詭辯就是宣稱台灣海峽並非「國際水域」（international waters）。二〇二二年六月十三日，中國外交部發言人汪文斌在例行記者會上宣稱，國際海洋法上沒有「國際水域」的說法，並援引《聯合國海洋法公約》，稱台灣海峽水域從海岸線起由近至遠依次劃分為中國的內水、領海、毗連區和專屬經濟區。這種說法，以台灣海峽平均寬度一百八十公里（北口寬約二百公里，南口寬約四百一十公里）和專屬經濟海域約三百七十公里計算，中國等於把整個台灣海峽納為中國內海。

怪哉！台灣海峽不是國際水域？

汪文斌還語帶恐嚇說道：「有關國家聲稱台灣海峽是『國際水域』，意在為其操弄涉台問題、威脅中國主權安全製造藉口，」並宣稱「中國對台灣海峽享有主權、主權權利和管轄權。」按此說法，等於宣告各國船隻未經中國同意不得進入台灣海峽，等於宣告中國對台灣擁有管轄權。另據報導，中國軍方官員在當時與美國軍方官員會晤時一再斷言，台灣海峽不是國際水域，暗指美國軍艦通過台灣海峽是對中國主權的侵犯。如此一來，等於宣告台灣海峽將成為中國與世界各國的海上戰場。

雖然《聯合國海洋法公約》中並沒有「國際水域」一詞，但國際水域本是專業用語「公海」（high seas）的通稱，亦是《聯合國海洋法公約》簽署以來各國「自由航行」與「無害通過」的長期慣例，即使美國為非簽約國，也一貫依照此一規範運作。

汪文斌不僅咬文嚼字「錯引」公約，而且就連前中國外交部副部長、曾任聯合國副秘書長的劉振民，在二〇一七年一月就已宣稱「台灣海峽是大陸與台灣共用的國際水道」。實際上，《聯合國海洋法公約》第五部分第五十八條條目為「其他國家在專屬經濟區內的權利和義務」，明確載明「在專屬經濟區內，所有國家，不論為沿海國或內陸國，在本公約有關規定的限制下，享有第八十七條所指的航行和飛越的自由」。而第七部分的第八十七條則明文規定，「公海對所有國家開放，不論其為沿海國或內陸國」，所謂「開放」包括「航行自由」（freedom of navigation）與「飛越自由」（freedom of overflight）。第八十九條更明文規定：「對公海主權主張的無效，也就是任何國家不得有效地聲稱將公海的任何部分置於其主權之下。」實際上，《聯合國海洋法公約》是以

「區域」（Area）為用語，海上「區域」若不是「水域」，難道是鬼域？「公海」之「公」字，若不是指「國際」，難道是指外太空？中國僅僅揪住《聯合國海洋法公約》沒有「國際水域」這一字眼的縫隙，就意圖顛覆整個國際海洋法的規範，推翻國際通行已久的慣例，這就是中國最無知、最蠻橫的「法律詭辯論」。

中國製造國際法「例外狀態的常態化」

另一方面，習近平在「金磚國家」會議上，高調指出維護以聯合國為核心的國際體系和以國際法為基礎的國際秩序，但實際上，中國完全不接受國際法庭對中國南海島礁主權立場的無效判決，也從不理會國際人權組織對中國迫害人權的譴責。換言之，中國以不得干涉中國內政為由，將中國主權凌駕於國際法之上；一方面高居國際法之上，站在國際法規範與治理之外，但卻依然藏身於國際法之內，利用國際法謀取自身利益。這種「既在外，又在內」的國際投機角色，正是德國法學家卡爾・施密特（Carl Schmitt）以及義大利哲學家阿岡本所說的「例外狀態」（the state of exception），也就是「主權者／獨裁習近平」將國際法掏空或懸置但又納入國際法秩序之中，置身法律之外又利用法律的權威與效力。當國際法對中國不利時，中國基於「主權至上論」而懸置國際法，棄國際法如廢物，使中國處於規避國際制裁的「無法可管」（anomie）狀態；但當國際法有利於中國擴張時，中國又依據國際規範宣稱中國的至高利益，這就是中國的「法律詭辯論」。

對中國而言，這種「例外狀態」又不是一時性的暫存狀態，而是不斷將「例外」當成「正常」，也就是「主權者／獨裁習近平」依據個人政治決斷（例如「東升西降」「帝國主義亡我之心不死」），將例外狀態「常態化」，將個人決斷國際化，藉此設定國際關係中「中國例外」的身分，塑造一種只對中國有利的「無國際約束的國際地位」。中國一方面在國際社會高唱所謂「人類命運共同體」，一方面卻在自己國內廣建「再教育營」，打擊宗教自由和壓制少數族群文化，形成一種「一個國家，兩種命運」的弔詭狀態，與「人類命運共同體」形成極為諷刺的畫面。

中國一方面堅不承認依據《聯合國憲章》認定俄羅斯對烏克蘭的進攻為「侵略」，一方面又宣稱其自訂的「一個中國」原則是國際社會普遍共識和公認的國際關係準則；習近平在六十九歲生日時與普丁的通話中，一方面表達對俄羅斯「進軍」烏克蘭的支援，一方面又宣稱積極促進世界和平；中國一方面從不接受「民意」作為政權統治的要素，一方面又強迫台灣前途要由十四億人的「中國民意」來決定；中國一方面堅不接受依據國際人權公約對其在新疆種族滅絕的指控，一方面又宣稱美國禁止進口維吾爾強迫勞動產品（棉花）違反了國際貿易的準則；中國一方面以「發展中國家」的特殊地位在世界貿易組織（下稱WTO）獲取利益，卻又不遵守WTO規定禁止政府補貼出口的公平貿易原則……。「國際」一詞，只是中國利益「自私的辯證法」，只是中國唯我獨尊的魔術方塊。

中國所謂「不得干涉內政」，根本不成立

實際上，中國拒絕以人權干涉中國內政的說法，自始不能成立。從聯合國《世界人權宣言》到各種人權公約，再到各國人權法律（如美國的《全球馬格尼茨基人權問責法》、歐盟的「全球人權制裁制度」），都是人類集體「文明共識」下建立的「國際人權法制」，是全球遵守的人類公約並對各國具有規範與拘束力，並不因文化、宗教、國家、社會、種族的不同而有所差異。

換言之，基於國際公約對一國人權表現的批判與檢討，根本不是對他國內政的干預，而是推進普世價值在國家境內的實踐，是一種立足於國際公認的人道評價與法律監督。中國所謂「不得干涉內政」的說法，正是一種「例外狀態」的規避與漠視，正是中國「法律詭辯」下對普世價值的侵蝕與破壞。

中國的「外交詭辯」：獨裁聯盟

二〇二二年六月二十二日，中國國家主席習近平在北京的「金磚國家」（BRICS）會議上，以俄烏戰爭為例，高調批判西方對俄羅斯的經濟制裁，指出霸權主義、集團政治、陣營對抗不會帶來和平安全，只會導致戰爭衝突。習近平不忘抨擊美國實行脫鉤斷鏈，構築小院高牆云云，但同時又提出所謂「全球安全倡議」，強調「通過對話協商以和平方式解分歧與爭端」等等。

然而，既然支持侵略，何來對話？既然暗助戰爭，何來協商？中國難道不正是利用西方的制裁而乘機購買俄羅斯低價石油？得了便宜之後卻又擺出「中俄聯盟」的姿態抗擊西方？實際上，其支持俄羅斯「侵略」烏克蘭的立場，就足以「一票否決」習近平所有冠冕堂皇的「外交詭辯」，這些自我詭辯的辭令，都是為了抵制國際社會對其專制治理和人權劣跡的批評，在一種全球「中國不信任」的氣氛下，世界上沒有人會相信習近平的外交大話。

中國自組「獨裁者聯盟」

一如美國外交政策學者斯蒂芬・哈爾珀（Stefan Halper）在《北京說了算？》（*The Beijing Consensus*）一書中所言，「中國在全球化的偽裝面孔下，暗藏著對美國和整個西方世界的深刻挑戰；這種威脅被中國微妙而務實的外交政策所掩蓋。」哈爾珀還引述美國記者作家詹姆斯・曼（James Mann）的觀點：「在世界上隨便挑一個獨裁者，你會發現中國正是幕後支持的黑手。」

習近平在金磚會議上呼籲，屏棄冷戰思維和集團對抗，反對單邊制裁、濫用制裁，以人類命運共同體的「大家庭」超越霸權主義的「小圈子」。實際上，自冷戰以來，中國就不斷攏絡與美國不合的國家，並且以集團形式結成反美連線，包括委內瑞拉、巴基斯坦、安哥拉、烏茲別克、伊朗、緬甸、北韓，以及最近的阿富汗與俄羅斯，甚至意圖攏絡南太平洋島國，建立所謂「安全聯合」。換言之，搞霸權主義與集團政治「小圈子」的正是中國，自搞暗黑戰術又批評美國搞陣營對抗，這就是中國的「外交詭辯論」，一場「扮豬吃老虎」的雙標戰術。

試問習近平，以巡弋飛彈濫炸烏克蘭平民的普丁是你的「鐵哥兒」？緬甸軍政府屠殺百姓、濫施死刑，關押民選領袖翁山蘇姬，這種國家也是中國的盟友？委內瑞拉軍事政權系統性迫害人權，連兒童、婦女都遭到關押，這種屠夫政權也是中國的友邦？中國不是以「反恐、反獨」之名治理新疆、西藏嗎？怎麼以恐怖主義起家的阿富汗塔利班政權，也是中國的夥伴？試問，中國的外交就只能搞「獨裁者聯盟」？

中國的「價值詭辯」：文化走私

在政治學家杭亭頓（Samuel Huntington）的「文明衝突論」中，中華文明被視為未來世界衝突的主角之一。儘管中美文化差異沒有對錯與優劣之別，但其理論依據足以驗證今日中國與世界文明之間的扞格與衝撞——一個以「詭辯」為支撐而逆反世界文明發展道路的「中國共產黨模式」。

從道德廢墟走向價值詭辯

今日中國正處於文明斷層與道德真空的狀態。共產統治截斷了傳統文化與現代文明的銜接與融合，以所謂「社會主義核心價值」取代中國文化的義理與精華，導致一種「反普世」的意識形態與文化立場。肇始於毛澤東「階級鬥爭」的「文化大革命」，兒子批鬥父親、學生打死老師，這種徹底突破人類道德底線的獸性運動，使一整代中國人失去道德自覺和人性素質，陷入傳統失根與道德失重的精神貧困。

而處於「後文革」的中國，通過「習近平思想」的強制灌輸和靈魂改造，正從這種

「道德廢墟」轉向「價值詭辯」（例如「民主不止一種」「人權因國情而異」）的歧路上，以中國崛起之名進行「全球政治賄賂」（金錢收買外交和滲透國際組織），以對普丁的「鐵哥兒」私交支持戰爭屠殺。深層而言，就是對國際規則與普世價值的內核進行挖空和腐蝕。

孔子學院：走私共黨教條

當今中國正在與世界文明進行一種原旨教義的「文化顛覆戰」，以文化交流包裹政治宣傳，以孔子「君子學說」裝飾中國「戰狼面目」。二〇〇四年以來，中國政府以「中國國際中文教育基金會」為外殼，在西方大學廣設「孔子學院」（高中以下校園還設立了「孔子教室」），表面宣稱傳播中國語言和儒學思想，本質上卻是以「文化走私」偷運中國黨國教條，一場文化瘟疫的散播和價值汙染。

近年來「孔子學院」醜聞百出，例如在院內不得進行有關西藏獨立、六四事件、台灣政治動態等等的演講或會議。僅以一件醜聞為例，中國官方的「漢辦」（國家漢語國際推廣領導小組辦公室）主任許琳在二〇一四年「歐洲漢學學會」第二十雙年會中，悍然「撕去」議程手冊中有關台灣贊助單位「蔣經國基金會」的內容，使會議成員收到的是一份有明顯撕痕和缺頁的手冊。這種「原始粗魯」（original rudeness）豈是孔子之風、儒學教養的表現？反而暴露其「掛孔子羊頭，賣共產黨狗肉」的真面目。

假漢學之名，行政治偷運

近期西方大學紛紛關閉孔子學院，證明已經看穿中國「文化海盜」的本質，洞悉「孔子學院」是中共粉飾意識形態及輸出紅色文化的工具，揭穿其目的在摧毀全球大學信守的「學術與言論自由」價值觀。這一連串的「撤院」行動，也驗證了西方國家不再接受中國的文化統戰。

假藉漢學之名偷運政治教條，披戴儒學外衣為中共擦脂抹粉，以語言教學為掩護滲透西方大學，乃至監視西方的反華言論，這就是一種「價值詭辯論」。曾幾何時，「文革」時期被肆意打倒的「孔家店」，竟一夕變成中國海外傳播的大旗，「批孔」變成了「揚孔」，儒學成為替中共進行美肌潤膚的化妝盒。

實際上，中國傳統的禮儀與道德，早已在共黨中國消失殆盡。例如面對中美貿易爭端，中國官媒央視竟連環爆出「攪屎棍」「噴飯」「怨婦」「裸奔」等粗鄙語言；舉國體制培養的奧運游泳選手，在二〇一九年世錦賽取得冠軍後，竟嘲笑對手英國游泳選手史考特（Duncan Scott）：「你是魯蛇，我是贏家。」前《環球時報》總編輯胡錫進辱罵「無國界記者組織」（RSF）為「野狗」，並警告「最好提防中國的棍子」。

在社會整體層面上，徐州鐵鍊女事件反映中國「拐賣婦女」猖獗已久，河北唐山九男爆打女子事件暴露中國地方治理的腐敗與女權的卑微，「動態清零」實質上是「暴力防疫」。諸多族繁不及備載的事例，證明今日中國早已不是儒學之國、禮儀之邦；而「孔子學院」的文化陰謀，不僅羞辱了優美的中國語言，也汙染了溫文儒雅的中華文化。

德國哲學家叔本華（Arthur Schopenhauer）著有一本小書《詭辯之術》（*The Art of Controversy*），書中列舉了三十八個詭辯方法，其中最後一招：出言不遜，人身攻擊，侮辱對方。顯然，中國官員深諳此道。

中國的「極權詭辯」：科技納粹

依據《紐約時報》「視覺調查團隊」一項調查發現，中國正在原有基礎上，以空前的規模蒐集數量驚人的公民個人資料，手機追蹤設備隨處可見，人人一條健康碼。中國公安部門正在建立世界最大的DNA資料庫，並在其人臉識別技術基礎上進一步蒐集民眾的聲紋。調查指出，中國部署了五億支攝影機，將個人隱私錄入功能強大的分析軟體，識別一個人的種族、性別以及是否戴眼鏡或口罩等等。所有這些資料都匯總並儲存到政府的伺服器之中。

一份來自福建省的招標檔案顯示，這些資料規模非常龐大，每時每刻都有二十五億張人臉圖像被儲存。用公安自己的話來說，這些影片監控系統的戰略目標，就是「實現對人員的管控」，換言之，中國已成為世界最龐大的數位極權主義國家。

中國的「生命政治」控制

中國政府以所謂社會信用、健康管理、治安保障、疫情防控、維穩等理由，合理化這種「數位監控」下極其醜惡的國家恐怖主義，這就是一種「極權詭辯論」，一種「生物政治」（biologization of politics）的墮落，也就是法國哲學家傅柯所說的「生命政治」的操縱與濫用。通過對現代科技的反人道濫用，中國廣泛運用生物醫學、人工智能、基因工程、核酸檢測，廣泛蒐集並介入個人身體的分子分析（深入到核酸基與酵素活動），在生命分子的層次上對個體生命進行管理、控制、改造，以實現國家對全體人民的「敞視監控」（panoptical surveillance），一個喬治・歐威爾（George Orwell）小說《一九八四》（*Nineteen Eighty-Four*）筆下的「老大哥國家」（Big Brother）。

以AI技術的人臉辨識和DNA檔案（生命數據庫），廣泛運用於識別、監視、追蹤、抓捕新疆維吾爾族人。這種建立在以科技手段控制公民思想與行為的「自動化極權主義」（automatic totalitarianism），是數位極權在中國最極端、最徹底的表現。然而，在遭到世界廣泛抨擊之後，中國依然故我，甚至變本加厲。

中國對新疆的數位監控

在新疆，除了遍布街道巷弄的攝影機之外，中共在新疆部署了數以百萬的警察和監察員，以及數以千計的檢查崗，每年投入數十億美元資金，用來掌控維吾爾人的一舉一動。這些警察可以隨時攔下路人檢查他們的手機，查看是否有依規定安裝政府設定用來監控通話和資訊的強制軟體，以及查看為何手機流量「異常超量」或為何經常購票出國。若發現敏感資訊或照片，警察可以當下刪除或沒收；這些警察可以強制維吾爾人排隊照相，以取得他們的面部特徵並載入官方的數據庫；這些警察可以針對「特定人士」並貼上「危險標籤」，一旦設定完成，他（或她）每次離開社區或進入公共場所，就會觸動警報系統，即使當事人尚未到達目的地，警察就已提前到達並進行盤問。

至於所謂「監察員」，無論白天或黑夜，可以隨時闖入維吾爾人的住所進行盤問，進行所謂「忠誠談話」和「可靠性評分」。在新疆，有高達七千名兒童遭到拘禁，即使維吾爾人上清真寺禱告也會遭到監視，理由是想知道他們向「阿拉」說了什麼？是否向阿拉密告「反黨言論」？一位維吾爾兒童被盤問：「你父母讀《可蘭經》嗎？」這位兒童誠實回答之後，這個家庭從此人間蒸發。

一位記者詢問新疆當地的警察為何要這麼做？警察的回答是：「在中國，沒有什麼為什麼！」

據統計，中國已經擁有近七百億條紀錄的數據庫，相較於美國聯邦調查局的「全國即時犯罪背景調查系統」只有一千九百萬份紀錄，有如天壤之別。在新疆，只要有一張照片（或聲音），只要有臉部紋路、視網膜、皮膚顏色等等特徵，就可以「一鍵顯示」數十億份相關紀錄，列出被搜尋者的教育背景、家庭關係、交友情況、聯繫紀錄，以及什麼時候與什麼人一起出入酒店或網吧等等。除此之外，中國還把新疆監視系統進行「全國聯網」，追蹤在其他省分流動的維吾爾人，目的是防止「預謀性串連」和避免對漢人產生「惡劣影響」。

中國是全世界唯一以「反恐」之名，反到深入人體血液和細胞而獲得巨大成效的國家！

牲人：極權統治下的維吾爾人

在極權統治下的維吾爾人，一如阿岡本筆下的「牲人」，這是一種任何人可以將其殺死而不必接受法律制裁的人，一種被黏貼了種族不潔的標記且完全不受法律保護的「赤裸生命」（bare life）。在習近平高喊「共建人類命運共同體」的口號下，維吾爾人卻是一種「中國共同體的多餘人口」，只有將這些「維吾爾牲人」隔離或逐出共同體之外，中國才能維持國體聖潔並鞏固自身的「無敵統治」。二戰時期的納粹希特勒（Adolf Hitler），就是用這種方法對待猶太人。

數位極權是反文明、反人道的野蠻治理，但卻是中國自稱其體制優越性的要素之一，充分顯示中國倒轉人類文明演進的趨勢，乃至對人類文明形成「逆淘汰」的威脅。實際上，「身體權」（包括面部特徵與DNA）屬於私法、私領域的範疇，是「人身保護」的底線，然而，不僅如此，中國的數位監控還運用在對異議分子和可疑人士的追蹤與逮捕，包括政治活動與社會運動者、獨立公民記者、維權律師、文字批評家、懷有冤屈的上訪者、輟學或失業青年、閒散人員、貧困群體以及外國人等等，這種「科技的納粹化」，將中國變成一個「全景監獄」，對人權與自由進行深重的迫害。

必須告別中國

基於保衛人類文明的立場，無論是脫鉤、遠離或圍堵，全世界都必須告別中國。因為今日之中國是人類文明演進的退化肌體，國際社會自私自利的法外集團，文化價值的偷渡客，歷史事實的篡改者，中國赤裸生命的統治者。「告別中國」是一場文明與野蠻的戰爭，是人類集體生命與自我保存的最後一役。無人可以逃避，無人可以倖免。

法蘭西斯．福山（Francis Fukuyama）在《歷史的終結與最後一人》（*The End of History and the Last Man*）一書中，認為自由民主體制將是人類社會演化的終點，是人類政府的最終形式。實際上，民主並沒有獲勝，專制正在崛起。換言之，歷史並沒有終結，而是重新書寫。而在重寫歷史文明之際，「告別中國」必須是歷史新頁的前言和導論。

第8章 「詭辯者聯盟」對中國與世界的影響

假愛國主義邪教總舵主胡錫進

胡錫進，前《環球時報》總編輯，現為該報特約評論員，一個容貌媲美青面獠牙，臉皮狀似月球表面，頭頂一張冒油假髮，本來根本不需對其浪費筆墨。然而，基於秦檜不可赦、精衛不可饒，假愛國之名行禍國之實，當今中國「為國樹敵」第一人，若不鞭笞這個「偽愛國者」，無以撥亂反正，無以端正視聽。

一犬當關，八方樹敵

姑且不論胡某什麼來頭？也不猜測背後何人撐腰？也不管多少粉紅股肛尾隨？僅僅

聽其言、觀其行就可知，其人造孽之重、口德之敗，無人足以攀比。此人以中國「五毛兵團」總司令之角色，以中國低端「民暴主義」總教頭的姿態，煽動仇恨，為國樹敵，扮演了當代危害中國國家利益的第一人。他以捍衛中國為幌子，為中國塑造了難以計數的仇家，破壞了中國人溫良敦厚的民族性，把中國外交處境推向寒宮冰點、把中國的國際形象踩在腳下、把兩岸關係逼至斷崖，甚至不惜將中國推向與西方全面對抗，乃至瀕臨中美冷戰和熱戰邊緣。

中國自古以天朝自居，敦親睦鄰、德澤四方。中國以「中」字命名，即因「國中之國」，外邦納貢，絡繹途中。到今日，胡某一犬當關，中國還是「中國」，但卻是「敵中之國」、八方圍堵。中國人本是一個優於語言藝術的民族，古有大唐詩人張繼《楓橋夜泊》之萬千柔情，有宋代蘇東坡《念奴嬌》之曠世詠嘆，近有朱自清《荷塘月色》之懷孤悶心；雖說古文已非日常所用，但若不文雅，至少也應「淨口」。然而，中國的文字藝術在胡某身上，半絲不著、一墨難尋。其人臭口一出，盡是惡言相向、狗牙一堆。除了迎合其主子之脾胃之外，笑話國際、萬人唾沫。但其惡言所傷害者，只是中國自身，無損他人一根汗毛。

嚼盡毒舌之餘，中國何益之有？

攤開胡某「惡言記事簿」，滿紙荒唐，仇恨四溢。聽聞澳洲政府呼籲進行新冠病毒起源調查，胡某立即刺蝟失禁、噗呼不停，先在社評把澳洲稱為「紙貓」，繼則發文：「澳大利亞總在那折騰，我感覺它有點像黏在中國鞋底上嚼過的口香糖，有時你不得不找一塊石頭把它給蹭下來。」凶言一出，中澳關係瞬間降至冰點，但胡某事後既無歉意，反稱毫不後悔。國際間對疫情來源進行公正調查，本是國際衛生事件處理之常態，即使世界衛生組織（WHO）也主張應該進行溯源調查。中國若不虧心，何懼之有？中國若非藏匿，何畏公開？就在胡某一番「辱澳」言論之後，終將澳洲樹立成永久敵人，澳洲誓言此仇不報非君子，立即加入印太合圍中國的戰略夥伴。試問，胡某嚼盡毒舌之餘，其對中國何益之有？

在香港民主抗爭運動中，胡某把英國比作「一條母狗」，英國航母伊莉莎白女王號通過南海之時，胡某再罵英國是「犯賤的婊子」；胡某揚言：「英國如果想在南海扮演脅迫中國的角色，就是犯賤，如果有實質動作，就是找抽。」如此一來，英國若不真的脅迫中國，豈不面子盡失？英國豈有路遇野犬、避走小巷之理？艦過南海，就叫脅迫？

若真動作，中國膽敢抽鞭？若非中國把南海搜刮為內海，又何「路人過門，即喊入搶」？就在胡某一番假設性狂言亂語之後，英國當然反中更甚、聯美更緊，乃至合力圍堵、齊抗中國！

倡言對美進行「核訛詐」

對於中美關係，胡某從不放棄堆柴燒火、潑油助燃。胡某宣稱，中國應將核彈頭增至一千枚，才能對美國進行戰略抵制，讓美國「瑟瑟發抖」。然而，美國並非素食國家，中國若增至一千枚，美國也增至三萬枚呢？屆時是中國抵制美國？還是美國打爛中國？究竟中美核軍備競賽有利於中國者幾希？中國人豈如胡某如此瘋癲好戰！莫非中美冷戰意猶未盡，非熱戰一場不足以讓中國揚眉吐氣？莫非胡某狐假虎威，意圖篡位中央軍委主席發號施令？胡某如此把解放軍當差遣、把中國人當炮灰，有如秦檜當道、精衛賣國，假愛國之名行禍國之實。

儘管在核子彈頭庫存總量上，美國位居世界第二，中國位居第三，但問題不在核彈數量，而在「核威嚇」的意圖與行動。當拜登與普丁共同宣布延長《新戰略武器裁減條約》（New START），共同致力於減少部署和上限規定之際，胡某「中國增加核彈頭一千枚」的說法，無疑與國際裁核趨勢高唱反調。胡某的狂言，立即觸怒了美國，導致時任美國裁軍大使伍德（Robert Wood）要求中國對此說法提出解釋。中國裁軍大使李松回應指出，一位報紙主編在個人微博上發表的看法，不能代表中國軍控政策。

但即使經過一番撇清，美國從此認定中國「核訛詐」的強烈企圖，因為胡某公開撰文，提出中國需要短期內增量核彈頭一千枚，要用至少一百枚東風－41戰略導彈，來抑制「美國的戰略野心和對華衝動」，宣稱「使用核子武器來塑造美國菁英們對中國的態度」。所謂「以核武塑造美國的對華態度」，十足就是一種「核訛詐」！

支持印北分離勢力，警告印度

二〇二〇年十月，印度電視台專訪我國外交部長吳釗燮，雙方共商推動台印合作。僅僅一家媒體訪問，胡某立刻乩童躍起、道士搖鈴，厲言警告印度挑釁一個中國原則，要求印度民間社會「必須克制」，宣稱中國可以支持印度東北部的分離主義力量，支持錫金復國作為報復，並警告「印度民族主義分子應該自重，他們的國家很脆弱」。

原來一向反台獨、反分裂的胡某，竟有兩套標準：中國不可分裂，他國可以分離，只有中國可以「一個」，印度可以「很多個」！胡某不知，不是只有中國才有民族主義，印度的反中情緒早已克制多年。儘管中印之間存在邊界爭議，是非難斷，但胡某惡言一出，印度決定不再克制，從此把中國視為戰略宿敵，進而與印太多國聯手抗中。

對台言論窮凶惡極

胡某對台灣的言論更可謂張牙舞爪、窮凶惡極，以致造成台灣人永久反中、堅決抵抗。胡某堪稱「武統論」第一炮手，宣稱：「武統台灣，會比七十年前解放軍打平津戰役拿下北京城還容易。」胡某宣稱，「台灣的未來不是台灣人能決定，要讓十四億中國人來決定。」憑啥？十四億中國人尚且無法自由自主、決定自身，何來決定他人命運？胡某宣稱，要對台灣進行「核彈武統」，要留島不留人，你敢？全世界准你如此胡作非為？胡某說：「台灣分明是一個徹頭徹尾的臨時地方割據政權！」我說，「中華民國是一個堂堂正正的主權國家！」胡某批評民進黨想讓台灣二千三百萬人決定自己的未來，「那麼十四億中國人統一國家的願望和意志何以安放？」我回：「可以把十四億人的願望和意志，安放在你家祖宗的墓園，或者當作你的哀悼詞、墓誌銘，以你的壯志未酬，告解上蒼。」

台灣人不願與極權同流、不願與獨裁合汙、不願與專制共處，就叫台獨嗎？中華民國只要存在一天，台灣只要不受中國管控，就叫台獨嗎？台灣與世界友好國家來往，即使人道交往、貿易互惠，也叫台獨嗎？台灣捐贈他國口罩、助人防疫，就叫「以疫謀獨」？與美國加強互動，即使非官方關係，也叫「倚美謀獨」？就台灣人一般的感受是，台灣人非得跳海或懸梁，才叫「一中原則」？台灣一定要自我了斷、坐以待斃，才叫「祖國統一」？怎不說中國的制度與價值不得人心，怎不說中國對付香港令人嘔吐，所以統一無望呢？台灣人一定要接受上街抗議就被武警追打嗎？台灣人一定要忍受上網批評時政就被關押坐牢嗎？台灣人非要接受疫情稍起就封城清零嗎？不接受這種狼心狗肺的體制，就叫台獨嗎？台獨是一疊冥紙還是符咒？任你胡某到處張貼、隨意丟撒！

中共「靈魂改造工程」的特製黨員

對胡某斯文規勸、文雅說理，當然是對牛彈琴、對狗作詩；因為胡錫進不是胡錫進，而是中國極權洗腦、思想控制、靈魂編碼下的產物。昔有街頭「紅衛兵」，今有網路「粉紅軍」，前有造反「文革四人幫」，今有欺世「環時胡集團」，這是中共思想基因改造的一貫性。

中共的統治，其厲害之處不在城管拆房、網路監管、封城清零，而是「靈魂改造工程」（engineering the soul），也就是習近平所說的：「從娃娃抓起。」自幼童時期即進行思想變造、靈魂改寫、個性鑄模、人性清洗；及至年長，人人成為「黨人」，處處散發「黨論」，人性變成「黨性」，個個成為對「二郎神」忠貞不二的「哮天犬」（出自《封神演義》）。文革時期一句紅衛兵口號「靈魂深處鬧革命」，就是從小種下階級仇恨的種子，培養領袖先鋒隊，養出黨的忠犬戰狼。

尤有甚者，在胡某身上還具有自製的「惡言加倍演算法」基因程式，有附加的「靈魂墮落加速度」特異功能，有突變的「惡膽橫生增生術」官能構造，這又使得胡錫進就是胡錫進，一個在被洗腦之後再自行換腦的靈魂劊子手，一個內心充滿「原敵意識」（中國學者孫立平用語）——系統的敵對與鬥爭意識，一個欺人而後自欺的特製共產黨。

然而，胡某絕非蠢才一個，其精明與機智之處，在於擅長點燃並激發排外的「集體憤懣情緒」以及一種虛假的民族自豪感。這使得上級獨裁者得以隱身幕後，進行策略性與功能性的操弄，讓人以為這種排外的民族主義來自民間的自發，而非政府所主導，這就是一種「極權主義木偶劇」。胡某就是一個舞台上掛著吊線的「政治木偶」，當然，這隻奉命搖擺的政治木偶，會得到官方的祕密獎賞，例如給予較高級別的官位，給予超出一般幹部的額外津貼，或授予言論討伐的尚方寶劍，使胡某得以流彈四發、亂槍掃射。

假愛國主義邪教的總舵主

胡某真的愛國嗎？當然不是！而是假愛國、真害國，一個「偽民族主義者」。一個真正愛國的共產黨員，一眼即可看穿，胡某不過是個「假愛國主義邪教」的總舵主，一部量產中國敵人的製造機，傷害中國國家利益的急先鋒。

實際上，胡某並不代表文明中國，更不代表溫文質樸、熱愛和平的中國人。一個把外交當樹敵、把媒體當凶器、把武力當便餐、把世界當戰場、把西方當消遣；一個滿口核戰、血洗、武統、震懾、報復的挑釁之徒，絕不是愛國之人，也非愛國行徑，而是臥底的反共分子。正是因為胡某此人，所以全世界討厭中國，國際社會圍堵中國，台灣從此告別中國！

沒有半句是真話！評趙立堅的所謂「嚴重關切」

二〇二一年十二月十五日，時任中國外交部發言人的趙立堅（現為中國外交部邊界與海洋事務司副司長）在主持例行記者會時，就美國政府考慮對中國芯片製造商「中芯國際」實施制裁一事，表達了所謂「嚴重關切」。

化妝師？還是毀容師？

趙立堅是中國資深的戰狼外交官，巧言善辯、反應機靈。在中外記者齊聚的公開場合，在中國這種「舉國聽一人」的體制下，趙立堅也只能拋出一些官定語言，以避免違逆上意。如果學者把今日媒體氾濫、假消息充斥的年代被稱為「後真相」（post-truth），那麼在「習近平體制」下則是「無真相」（no-truth）的國度。發言人是政府的化妝師，以裝飾國家顏面為己任，但如果把口紅當眉筆，把項鍊當耳環，硬是拿下自己的假面具戴到對方臉上，那就露出自己的真面目且遮蔽了對方，那麼這種發言人就不是化妝師，而是「毀容師」。

對美國的三點指控：沒有半句是真話！

顯然，美國對中國的一連串制裁，已讓中國感到憤怒。關於美國考慮對「中芯國際」實施制裁一事，趙立堅以幾近「憤怒性關切」的語調，對美國提出了三點指控：一是指責美國泛化國家安全概念，將科技和經貿問題政治化、工具化、意識形態化；二是指責美國違背市場經濟和公平競爭原則，希望美國能夠維護開放、公平、公正、非歧視的科技發展和國際營商環境；三是要求美國停止濫用國家力量無理打壓中國特定領域和企業的做法。然而，這三點指控，沒有半句是真話，反而完全可以倒轉過來掌摑中共自己的嘴巴！

首先，我們不懂什麼叫「泛化國家安全概念」？亦不知「國家安全」概念是否存在寬化、窄化、激化或淡化等等變化？但如果以趙立堅所稱的「泛化」是指政治化、工具化、意識形態化，那麼最擅於「泛化國家安全概念」者，全世界非中共莫屬！

從過去基於政治鬥爭的需要而「客製化」的「反革命罪」，到最近的《香港國安法》第二十二條的「顛覆國家政權」罪，哪一個不是「國家安全概念的泛化」？試問當年的國家主席劉少奇被扣上「叛徒、內奸、工賊」三大罪名，哪一個是法律意義上的罪名？哪一個不是「政治鬥爭的泛化」？堂堂一個國家主席一夕之間淪為階下囚，請問這是什麼「化」？蘋果日報創辦人黎智英，僅僅在維多利亞公園悼念六四事件三十一周年晚會的「會場外現身」，並點燃一根蠟燭，就遭到判刑十三個月，試問這是不是「國家安全的泛化」？中國公民記者張展，僅僅因為獨立報導武漢疫情就被逮捕入獄，目前處於生命垂危之中，試問這是不是「國家安全的泛化」？以上種種，罄竹難書、族繁不及備載。至於被集中關押的新疆維吾爾族人，包括那些老人、婦女、學生、兒童、農夫、街頭小販、小學教師……試問這些老幼婦孺有什麼能力和體力去分裂國家或顛覆國家政權？將上百萬維吾爾族人關進四面高牆、警備森嚴的所謂「再教育營」，是不是正是趙立堅所指控的「泛化國家安全」！

至於將科技和經貿問題政治化云云，實際上，中國不僅利用科技和經貿手段達成政治目的，甚至把中國企業情報化、偷竊化。依據中國《國家情報法》，中國情報工作機構可以要求有關機關、組織和公民，支持、協助和配合中共的情報工作，不管是在境內還是境外。姑且不論中共在中外企業內設置了全世界絕無僅有的「黨組織」以進行監管和控制，也許就在某一天，只要黨國需要，所有境內外的企業都可能搖身一變成為中共的情報機關；企業不是「在商言商」，而是「在商言政」，甚至「在商言竊」。在《國家情報法》的大帽之下，企業既不能說「不」，也不能違法抗命！

中國軍方蒐集基因資料，目的何在？

依據美國「國家反情報與安全中心」（The National Counterintelligence and Security Center）的調查，中國正是利用所謂「軍民一體化政策」（Military-Civil Fusion Policy），通過電腦駭客或對美國企業的收購案，蒐集或竊取美國乃至全世界的隱私性數據，特別是生物科技、量子電腦和人工智能等等領域。依據《路透社》報導，中國企業「華大基因」（BGI）與中國軍方密切合作，研發了一種新生兒基因測試，讓軍方能夠從全世界無數人身上蒐集信息。「華大基因」透過與中共軍方合作研發的「非侵入性胎兒染色體基因檢測」（NIFTY），蒐集全球超過數百萬孕婦的DNA、國籍、身高、體重、病史等資料。這些作為除了醫學研究的目的之外，試問軍方介入的角色是什麼？軍方蒐集基因的目的何在？

二〇一三年起，「華大基因」就進入台灣從事NIFTY業務，與超過三百家的醫院、診所、健康管理中心進行所謂「合作」，對台灣的國家安全構成了高度風險。二〇一三年，「華大基因」收購了美國一家研究「基因序列組合學」的公司，在麻薩諸塞州建立一處生產基地，並在二〇一五年投資了一家消費者基因檢測公司23andMe，目的就是在蒐集和建立基因數據庫。試問，中國的這些做法，是否正是將科技和經貿問題政治化、工具化、意識形態化？乃至逾越道德界線的非人化！

美國政府依據嚴謹和可靠的研究報告於二〇二一年十二月十六日宣布，決定將數十家中國企業和機構列入受限實體名單，因為這些企業和機構涉及濫用生物技術，並將之運用在軍事計畫。其中最引人注目的是，中國以「全民體檢」為由，利用生物臉部識別（biometric facial recognition）和基因檢測（genetic testing），對包括維吾爾人在內所有境內的異議分子進行監控，甚至還利用這些技術對海外華人進行「跨境監控」。試問，這些作為是否也是科技的泛國家安全化？

中國可曾有一天遵守了WTO的規範？

其次，中國指責美國違背市場經濟和公平競爭原則，希望美國能夠維護開放、公平、公正、非歧視的科技發展和國際營商環境。中國什麼時候祭起了「公平貿易」的大旗了？什麼時候高呼「非歧視的國際營商環境」的口號了？一個採行「國家管制經濟」——黨管資本、黨管企業、黨管市場的國家，究竟有什麼立場要求別的國家遵守市場經濟和公平貿易的規則？

中國「入世」已屆滿二十年，西方國家開始思考和檢討，當年「帶領」中國進入世界貿易組織，究竟是正確還是錯誤？當年認為協助中國經濟發展將給中國帶來自由化的想法，是否過於天真？即使經歷漫長的二十年之後，在二〇二一年十月二十日的「WTO貿易政策檢討」會議上，世界多國還是齊聲指責中國長期破壞多邊貿易體系，出於政治動機採取種種貿易干擾措施，包括運用加徵關稅、冗長官僚程序、蓄意阻撓等等貿易手段，阻撓他國商品的公平進口。姑且不論中國採取「政府補貼出口」造成世界性競爭扭曲，對外國企業進行強迫性技術轉讓，以及操縱匯率和偷竊科技等等惡行劣跡，二十年來，中國改變了什麼？作為世界第二大經濟體，中國究竟改善了還是惡化了國際營商環境？自二〇〇一年加入WTO以來，中國可曾有一天遵守了WTO的規範？

再其次，中國要求美國停止濫用國家力量無理打壓中國特定領域和企業，實際上，打擊特定領域和企業，特別是中國自己扶植的頂尖企業，中國堪稱世界首屈一指，是中國「國家經濟暴力」的鮮明例證。因為在中國，所有企業都必須「聽黨話、跟黨走」，只有「黨」才是老闆；在所謂「愛國主義」的大棒之下，企業與企業家又何足輕重？

是誰在打壓中國企業？

二〇二一年二月，中共推出所謂《國務院反壟斷委員會關於平台經濟領域的反壟斷指南》，以所謂「反壟斷」「共同富裕」「防止資本無序擴張」等等名義，對阿里巴巴、騰訊、字節跳動、京東、美團、拼多多等科技巨頭以及支付寶、微信等平台，進行監管和打擊，乃至於以「清除無良藝人」為由整頓娛樂事業，以所謂「雙減」政策限制校外培訓行業，導致數百萬從業人員頓時斷送生計。

二〇二一年六月，「滴滴出行」在美國低調上市，但上市後不到四十八小時，中共就以「維護國家安全」為由，強迫「滴滴出行」下市。內行人都知道，「美國證券交易委員會」（SEC）基於《外國公司問責法》（*Holding Foreign Companies Accountable Act*，HFCAA），要求在美國證券交易所上市的中國公司「必須披露中國政府干預其業務的風險」，並接受美國的財政稽核。然而中國一再拒絕美國對中國企業的查帳，理由很簡單：中國承受得住「家醜外揚」嗎？中國頂得住政府監管和控制企業的內幕在美國被徹底掀開嗎？中國扛得住利用中國企業在美國進行智財偷竊的醜聞曝光嗎？又試問，以上種種，是否正是中共以國家力量對特定企業進行的無理打壓？這其中幾百萬人的生計又何足掛齒？

戰狼外交就是嘴皮子外交

凡是趙立堅所指責於美國者，一律可以轉頭指責中國自身。這就是中共「有嘴說別人、無眼看自己」的外交表現。實際上，中國所謂「戰狼外交」不過是一種「嘴皮子外交」，牛皮吹破的結果，就是自掌嘴巴！

嚴正駁斥王毅的「外交渾話」

人們常把中國外交部長王毅視為中國「戰狼外交」的總教頭，對美外交鬥爭的攻擊手，被國際社會視為一個刁鑽難纏的對手。至於在台灣問題上，王毅則是一個信口開河、胡言亂語的霸凌者與詐騙家。

王毅的一場「外交渾話」

王毅於二〇二二年九月二十二日與二十四日，先後應邀在「亞洲協會」（Asia Society）和聯合國大會發表演講。在兩次演講中，王毅對美中關係和台灣地位做了竄改史實、歪曲現狀、威脅美國、欺凌台灣的表述。王毅的全部發言，與其說是「演講」（speech），不如說是一場「外交渾話」（diplomatic nonsense），誤導世人、誆騙國際。

我在這裡所提出的「外交渾話」，是指在國際場合藉由假造事實和自我推論，以達到混淆國際視聽、塑造錯誤認知的外交表述。換言之，「外交渾話」混淆了「實」與「名」，以「假言」覆蓋「真實」，是一種對國際關係歷史與現實的詭辯，一種對國際認知與公眾智商的踐踏。例如，俄羅斯總統普丁於同年九月三十日的「併吞（烏東四州）演說」中指責美國：「美國在日本投下原子彈創下世界先例，他們才是構成核威脅的國家。」這裡的「美國先丟」，乍聽之下似乎言之成理，但仔細推敲之後就能得知，美國於二戰先丟原子彈是為了盡速結束日本所發動的侵略戰爭，但普丁的「後丟」卻是企圖在俄烏戰爭中吞併烏克蘭。這種運用「先丟」和「後丟」的時間差距，顛倒「侵略與反侵略」之目的差異的說法，就是所謂的「外交渾話」。

總結王毅兩次演講，重點在如下幾個方面。

扭曲變造聯合國二七五八號決議

王毅引述了一九七一年第二十六屆聯合國大會通過的二七五八號決議，指出這一決議「解決了包括台灣在內全中國在聯合國及國際機構中的代表權問題，封堵了『兩個中國』或『一中一台』的空間」。實際上，在二七五八號短短一百多字的原始決議中，既沒有一字提及「台灣」，也沒有一字提及「兩個中國」或「一中一台」，更沒有所謂「解決了包括台灣在內全中國在聯合國及國際機構中的代表權問題」，這些話語都是王毅的編造與強加。聯合國確實處理了「中國」的代表權問題，但不是「全中國」，也沒有包括台灣。換言之，王毅的說法是對一個「歷史文件」的扭曲與變造，是中共「統戰八股」的陳腔濫調。

在短短的二七五八號決議中，全文僅僅在處理「中國代表權」（representatives of China）的更換（restoration）問題，也就是「驅逐（出去）」（expel forthwith）蔣介石（Chiang Kai-shek）的代表權，承認（recognize）中華人民共和國為中國唯一合法代表（the only lawful representatives of China）。在這些文字中，既無「台灣」（Taiwan）一字，也無「全中國」，更無所謂「兩個中國」「一中一台」等字眼。這些字眼，完全是王毅矇眼貼上的「詭詞」，是對二七五八號決議胡亂添加的擴大解釋。

隨後，王毅緊接著說：「只有實現完全統一，台海才能持久和平。」這是在暗示或威脅兩岸若不統一，就會引發戰爭、兵戎相見？實際上，中共的「完全統一」正是台灣的「萬劫不復」。王毅正是以「完全統一」模糊了「併吞台灣」的真實意圖，這就是典型的「外交渾語」。實際上，即使是相同的民族分別建立不同的政權，世界上比比皆是，強行「完全統一」，其結果往往不是統而為一，而是製造災難。

中共無權代表「自古以來」以決定台灣地位

王毅又說：「台灣自古以來就是中國領土。中國的國家主權和領土完整從未分割，大陸和台灣同屬一個中國的事實從未改變，一個中國原則業已成為國際關係基本準則和國際社會普遍共識。」

「中國」一詞最早作為一種「漢文」，出現在周武王於洛陽所建「祭祀聖域」，又稱「中域」，是君王祭祖拜天的圓丘壇地，並非（周朝）國家之名。「中國」之名始於現代，是對「中華族國」的簡稱；就其作為國際通用的稱謂而言，最早的外交文獻出現在一八四二年的《南京條約》。實際上，「中國」正式作為國家名稱是用來指稱「中華民國」（Republic of China），是國父創建中華民國之後開始使用，簡稱「中國」（China）。

在現代以前的古代，華夏民族聚居之地都以「王朝」（dynasty）或「封地」之名稱呼，如周、秦、漢、唐……而非「中國」；若指政權所在地區（華北），則多以「中原」稱之。若說自古以來台灣與中原的治權隸屬關係，歷史上只有兩個時期，一是「明鄭時期」，也就是明朝已經覆滅但由反清遺臣（南明延平王）鄭成功統治台灣，為期二十二年（一六六一年至一六八三年）；第二個時期是清光緒十一年（一八八五年）起始，設置台灣行省，由首任巡撫劉銘傳負責管轄。但清朝於一八九五年清日甲午戰爭戰敗後，將台灣割讓給日本統治，時間長達五十年（一八九五年至一九四五年），直到日本二戰失敗，台灣才重返中華民國的版圖。換言之，自古以來，中國與中原的關係僅止於明鄭與清末兩個時期，合計只有三十年。

舉例來說，「莫斯科大公國」自古屬於元朝「欽察汗國」的一部分，此一蒙古汗國的統治地域遍及中亞、伏爾加河中下游、頓河流域，以及高加索、克里米亞等地區，但此一「古代事實」並不等於今日的中亞各國和俄羅斯「自古屬於」中國的領土。換言之，即使對「自古以來」一詞擴大解釋，也就是自一九四九年以前均稱為「古代」，那麼中華人民共和國「自始不存在於古代」，中共根本無權代表「古代中國」來決定台灣的地位與歸屬。

主權分屬、隔海分治，是台灣的「根本現狀」

王毅又說：「台灣問題的根本現狀是台灣作為中國的一部分，從來就不是一個國家，歷史上和現在都不是，將來更不可能是一個國家。」如此發言，實屬猖狂無賴、抹黑事實。若以中共政權自始不能等同於「中國」而言（無論古代或現代），台灣與中共主權分屬、隔海分治已達七十多年，此乃台灣地位真實無疑的「根本現狀」。至於所謂台灣在「歷史、現在、未來都不是一個國家」，則是一句道地的「渾語」。自一九一一年以來，國父孫中山先生創建亞洲第一個民主共和國——中華民國以來，始終是充滿生機與活力的存在，過去活在大陸，現今活在台灣。政治學理上的「主權五要素」：土地、人民、政府、司法、軍隊，台灣一個都不缺，豈有如王毅胡言亂語所謂「從來就不是一個國家」！

以夏威夷比喻台灣，不倫不類

王毅又說：「台灣問題明確的前提是『台灣是中國領土的一部分』，正如美國不會允許夏威夷被分裂出去一樣。」王毅若僅以夏威夷是美國唯一沒有位居美洲大陸的海外一州，就以此地理特性類比台灣，不僅不倫不類、引喻失義，更是對美國歷史的無知。

夏威夷是通過住民投票的民主程序，主動申請加入美國而成為一個州，試問，中華民國何曾申請加入中華人民共和國而成為所謂「中國領土的一部分」？若就「申請加入」而言，當時的夏威夷是為了「圓一場美國夢」而申請加入美國，至今為止，人們只聽說他國人民以合法移民或非法偷渡進入美國，以追求和實現一場「美國夢」，可曾聽說有人以移民或偷渡方式進入中國，為的是圓一場「中國夢」？

美國從未對「台獨」發出錯誤訊號

最後，王毅指責美國，「在美國的插手與縱容下，台獨勢力持續滋生蔓延，進而對台海和平穩定構成最大威脅，」試問，「台獨勢力」是什麼？台獨勢力在哪裡？究竟什麼叫「台獨行徑」？什麼叫「台獨分裂活動」？請王毅先生講清楚、說明白，而不是自訂名詞、妄言推論。其次，若說美國是台海和平穩定最大的威脅者，這種鬼話只是中共自欺欺人，全世界無人聽之、信之！

王毅經常指責美國對台獨勢力發出錯誤的訊號。實際上，無論是美國總統拜登於二〇二二年九月二十日接受美國CBS電視《60分鐘》節目（*60 Minutes*）訪問時所言，或當時美國務院發言人普萊斯（Ned Price）所表述：美國對「台獨」問題沒有立場。對於一個台灣人民未來自己決定（自決）的台獨問題，美國從未發出錯誤訊號，也不持特定立場。反倒是，美國不斷給予中共發出明確的訊號，那就是不可以武力侵犯台灣！

對台灣人民的澄清與交代

「外交渾語」經常是侵略者的外交詐術與暗黑陰謀，不僅造成國際社會的錯誤認知與政策，更導致公理與正義的喪失。基於對國際法律、歷史事實、真實現狀的尊重與堅持，對於王毅的「外交渾語」不得不予以嚴正駁斥。揭穿王毅的這番鬼話，是對中共在台灣問題上的胡亂推論與真實意圖的揭露，也是對台灣人民嚴肅的澄清與交代。

反戰論？還是亡國論？對四位教授「反戰聲明」的批判

近年，台灣社會興起一股「反戰疑美」「和中離美」「大國等距」等等思潮，我把這些論述歸納為「台灣綏靖主義」。二〇二三年三月，有四位教授發起了「反戰連署」並舉行記者會，提出反戰聲明四大訴求，引起各界的討論與爭議。

然而，綜觀全文，這份反戰聲明實際上是因果倒置、是非錯亂的糟粕論述，一包以時髦的反戰之名包裹而成的慢性思想毒藥；與其說是「反戰」，不如說是「亡台」。

世界上有一種東西叫「邏輯」，它是用來推理的，用來論證從前提到結論是否正確。我就用「邏輯論證」來檢視「反戰聲明」的荒誕性。

反戰？反哪個戰？

首先，所謂「反戰」是反哪個戰？是反「俄烏之戰」？是反俄羅斯對烏克蘭的「侵略之戰」？還是反烏克蘭對俄羅斯的「抵抗之戰」？但無論是反哪一個戰，都不是台灣人可以置喙的餘地。這場俄烏之戰，應不應該反？怎麼反？要由俄烏兩國人民來決定。

對於台灣人來說，街談巷議可以，茶餘飯後也可以，但出來公開聯署，大可不必！同樣地，如果是反對「美中之戰」，美中之間該不該打？也是由美中兩國人民來決定，台灣人沒有說話的餘地。

第二，如果是反對美國幫助台灣跟中共打仗，這些教授們不是說「台灣不要當棋子」「不要幫美國打代理戰爭，不要當炮灰」等等嗎？那好，美國聽你的，兵也不派，武器也不給，台灣自己打，不是說「台灣要自主」嗎？請問台灣「單打中共」，挺得住嗎？

第三，如果挺不住，如果連台灣「單打中共」也要反戰，那就只能選擇「和平談判」一途，試問，「一國兩制」你接受嗎？有沒有人可以指出，除了一國兩制之外還有什麼可行的方案？如果沒有，但又不接受一國兩制，那中共會不會打台灣？至今為止，有沒有人可以保證中共一定不會打台灣？

第四，如果對中共攻打台灣也要反戰，也就是反對中共的「奪島戰爭」，那就只能接受一國兩制，也就是中華民國從此在地球上消失，也就是中華民國永久亡國！

所以，依據以上的邏輯推理，這些教授們所主張的不是「反戰論」，而是「亡國論」！

第一個論述：烏克蘭和平——要停戰談判不要衝突升溫

在國際政治上，所謂「停戰談判」主要有三種模式：對抗策略（contending strategy）、問題解決的策略（problem-solving strategy）、退讓策略（yielding strategy）。「對抗模式」是指談判雙方均認定具有足夠的實力與籌碼，可以壓迫對方接受我方的條件而達成協議；「解決問題模式」是指任何一方（或第三方）提出談判雙方均相對滿意的解決方案而達成協議；「退讓模式」則是談判之一方認為妥協對自己最有利，所以採取退讓以達成協議。

先就「退讓性談判」來說，目前俄烏之戰打到難分難解、寸土不讓，請問有哪一方願意以妥協退讓的方式進行停戰談判？

其次就「解決問題的談判」來說，自俄烏開戰以來，英、法、土耳其都進行過斡旋和調停，包括聯合國也總共做出了四個決議，俄羅斯接受了嗎？烏克蘭同意嗎？在此情況下，能不能請這四位教授提出「解決方案」，以利於早日結束這場殘酷的戰爭？

再其次就「對抗性策略」來說，普丁說要把烏克蘭從地圖上抹掉，說烏克蘭是「新納粹」，烏克蘭同意嗎？烏克蘭從開戰之後不到一個月，就誓言要收復一九九一年、也就是蘇聯解體烏克蘭獨立時的原始邊界。二〇二二年十一月，烏克蘭總統澤倫斯基（Volodymyr Zelenskyy）提出展開和平談判的五大先決條件，包括俄羅斯必須「恢復烏克蘭領土完整」「尊重《聯合國憲章》」「賠償戰爭造成的一切損失」「懲罰每一個戰犯」「保證不再侵犯烏克蘭」，請問俄羅斯接受了嗎？換言之，俄烏雙方均不具備足夠的實力與籌碼，足以壓迫對方接受我方的條件而達成和平協議。

在通過三種模式都無法達成和平談判之下，所謂以停戰談判降低俄烏衝突的說法，只是一種「冠冕堂皇的廢話」，一種「一斤五毛錢的理想主義」。

實際上，反戰，只有在反對侵略者的前提下才能成立。以戰爭手段來排除侵略者發動的戰爭，不能成為反戰的對象。如果反戰是反對被侵略者的抵抗之戰，這叫做「助戰」，也就是幫助侵略者發動侵略之戰。也就是戰爭共犯！

第二個論述：停止美國軍事主義與經濟制裁

什麼叫「美國軍事主義」？哪一個國家沒有軍隊？美國的軍事行動是在維護秩序、保障和平？還是在侵略他國、占領他國的領土？俄羅斯自二〇二二年二月二十四日，以二十萬大軍兵分三路，踏進烏克蘭領土，對烏克蘭進行無差別攻擊，對婦女、老人、醫院、幼稚園進行狂轟濫炸。請問這是什麼「主義」？中共口口聲聲說「堅決不放棄以武力解決台灣問題」，請問這是什麼主義？對於同一件事，刻意使用兩種標準來評價，這叫做「選擇性認知偏誤」。我相信發起聯署的傳播學者應該知道我在說些什麼！

所謂「停止美國軍事主義與經濟制裁」，這種論調就是一種拾國際反美運動之牙慧的「左派幼稚病」，一種「趕時髦的和平清高論」；另一方面，這種論調，誰都知道是在呼應中共所謂反對「單邊制裁」「長臂管轄」「冷戰思維」等等反美言論。請問，當中國說「台灣是中國內政的一部分」，請問這是不是長臂管轄？請問這是不是冷戰思維？難道是熱情擁抱嗎？

第三個論述：國家預算用在民生社福與氣候減緩而非投入戰爭軍武

首先，一個國家不需要國防嗎？沒有國防可以保障民生社福嗎？如果不是中共對台灣的軍事威脅，我們有必要增加國防預算嗎？我們當然希望國家預算都花在民生社福方面，如果可能給教授加薪也不錯，但是沒有國防預算，你的家人與家園可以獲得保障嗎？還是乾脆投降，讓人民解放軍來保衛你們？

至於所謂投入在「氣候減緩」問題，國際環保組織已經提出報告，由於俄羅斯對烏克蘭的攻擊，已使得「歐洲最大糧倉」的烏克蘭土地遭受嚴重汙染，百年都難以回復，請問這些教授們，怎麼不去說服普丁減緩氣候災難呢？怎麼不去勸告中共停止增加國防經費，用來減少碳排放，減少沙塵暴和霧霾，減少江河與湖泊的汙染呢？

第四個論述：不要美中戰爭，台灣要自主並與大國維持友好等距關係

美中台不是數學習題，不是「等邊三角形」，而是中共要「對抗美國、併吞台灣」，台灣在中共威脅之下處於弱勢，拿什麼去和人家等距？一方面說不要國防預算，一方面說要自主，是要拿民生社福來自主？拿台灣的健保制度或長照制度來自主？事實上，台灣尋求挺台友邦來協助台灣，才叫做真正的等距！

所謂「與大國維持友好等距關係」，如果說日本主張「台灣有事、日本有事」，那我們是不是也要跟日本去等距？如果韓國說「日本有事、韓國有事」，那台灣是不是也要去跟韓國等距？澳洲也說如果台海發生戰爭，將與美國並肩作戰，那台灣是不是也要

去跟澳洲等距？

什麼叫「等距」？有一個精神科醫師跳出來說：「應該想辦法跟中國大陸建立等量、同質的互動關係，讓美台與中台之間的政治溝通與經貿往來，還有人民的生活交集達到等價的程度，這才叫大國等距。」

我在這裡引用「結構語言學」的基本原理：語言是一種意義的約定，展開於「能指」和「所指」之間的對應關係，也就是「語詞」與「語意」之間的對應關係；當意義被約定之後，就會展開「語言行動」。例如一位男士送了一束玫瑰花（能指）給一位女士，傳達愛情（所指）的語意，若女士接受，就形成了雙方之間意義的約定，女士可能因此回答「那我們去結婚吧」（語言行動）。

然而，上述所謂「等量」「同質」「等價」等等，在結構語言學上叫做「空洞的能指」，指涉的是抽象、虛無的對象，完全沒有可約定的意義，只是一種「自編的想像」。請問「等量」是兩岸貿易額一樣是嗎？民主與專制怎麼「同質」？「等價」是指人民幣與台幣和美金以1：1：1來兌換嗎？

所謂「等距」（equidistance theory）是美國二流學者所提出的二流理論。在台灣提出

「等距論」，真實的目的就是要台灣「離美」，要台灣和大陸「親近」，也就是「離美親中」，以呼應中共「防止外力干涉台灣問題」的目的。

換言之，「等距論」其實就是一種「症狀閱讀」下的「台灣症狀」，是以一種「想像的平衡感」來自我安慰，然後再用這種「平衡感」來掩飾「逃避、苟安、畏戰」的心理。這種等距論具有很大的「大眾心理感染力」，符合人性中「不選邊」「不負責」「搭便車」等等政治冷漠和「釋放道德壓力」的作用，也就是符合一般大眾「戰爭與我何干的小確幸主義」，一種貪圖「歲月靜好」的傾向。

反戰論：就是一種亡國論

「反戰論」對台灣的國家安全具有腐蝕、渙散和解除心理武裝的惡劣影響。因為反戰就是「反對台灣對中共侵略的抵抗」，疑美就是要「逼退美國對台灣的防衛」。其結果就是「簞食壺漿以迎共師」，讓中共「不戰而屈台之兵」，進而對台灣實行完全的吞併。

值此之際，台灣有識之士應對這些綏靖主義進行堅決的「掃毒」工作，要持久不懈地對「反戰疑美論」進行理論鬥爭，要更加徹底、全面對中共的侵台野心進行「揭謊」

的工作，讓台灣人民充分知悉中共謀台的陰謀與手法。換言之，必須結合「掃毒」與「揭謊」兩大工作，才能堅定台灣「反侵略」的決心，保障台灣人民的幸福與安全。

第四部 中國，必須告別

中國在習近平的愚民弄權之下，背離改革開放路線，重返毛澤東集體計畫經濟體制，在全球文明向前奔馳的列車上，即將失速被拋出軌道；基於保衛人類文明的立場，無論是脫鉤、遠離或圍堵，中國人民與全世界都必須告別中國。

「告別中國」是一場文明與野蠻的戰爭。無人可以逃避，無人可以倖免。

第9章 自我告別：荒腔走板的習近平，恐將導致中國消失於世界強權之列

中國走在危機四伏的道路上——寫在中共二十大閉幕之後

由於掌舵者的盲知與誤判，中國這一艘千年古船，在繼毛澤東之後，再度迷失在國際潮流與文明演進的道路上。我關注的不只是新的國家領導班子誰上誰下、誰留誰去的權力過渡問題，而是中國在一個視野偏狹，權力欲望遮心閉眼的領導人手上，正走向死亡的幽谷、災難的斷崖。

中國自絕世界、自斷發展機遇

一個向全世界喊出「敢於鬥爭、善於鬥爭」的習政權，除了滿足一種逞兇鬥狠的莽夫性格，塑造舉國暴戾、全民陰狠的國民氣質之外，對中國一無是處！在二〇一二年習近平掌權之前，中國一直奉行和諧國際、睦鄰外交、和平共處的外交政策，努力通過國際合作與全球化利益連結，來創造中國發展的機遇。

然而，中共黨內這一珍貴的「鄧小平遺產」，今日卻遭到習近平無情、鄙視的拋棄。戰狼外交取代了睦鄰外交，萬國對抗取代了國際合作，八方樹敵取代了廣結善緣，例如所謂「小粉紅」不斷在全球網絡中製造敵意、醞釀是非，減損國際社會對中國的正面印象和道義支援；又例如中國駐英國曼徹斯特領事館「毆打抗議者」事件，中國公使竟宣稱「打人是外交官的職責」，事雖微小，卻盡露大國之病、官員之殘。以此下去，中國必將成為多國圍堵下的國際公敵，全盤失去繼續崛起、向前發展與民族復興的契機。

習近平在二〇二二年二十大政治報告中，一再提出獨立自主、自力更生、自主創新、高質發展等等路線選擇，但實際上，這些主張恰恰反映出中國處於當前「全球圍中」

的情勢下，一種無奈與無力的「抵制性選擇」。換言之，一個孤立而自大的國家性格，一種閉關鎖國的發展路線，在國際厭中的巨大壓力之下，既不可能繼續維繫中國的崛起，更不可能實現民族的復興。換言之，自立與自主，只是對國際壓力和反中情勢的退縮與逃避，只是一種孤絕與自我邊緣化。

遏制／反遏制：中國特色的脫鉤戰略

國際現實主義理論固然作出大國競爭必然走向對抗與戰爭的悲觀論定，「修昔底德陷阱」（Thucydides's trap）的概念更指出，大國對抗終將走向生死交戰的境地。

但「修昔底德陷阱」並非不可避免，而且必須避免，而中國的智慧就在於如何避免陷入此一陷阱之中。然而，習近平領導的當代中國，一再拒絕向國際社會，特別對至今依然主導世界秩序的美國釋出任何善意與友誼，主動選擇一條「中國特色的脫鉤戰略」，主動斷絕與美國的各種對話、協商與溝通管道，粗率選擇一種「遏制／反遏制」的路線，而不是一條「迂迴／智取」的聰穎策略。這必將使中國走向僅僅專注於自身發展與國家利益的孤立之路，必將使中國脫離全球市場與價值共享，失去獲取世界友誼的

「和平紅利」，最終只能在孤立中陷入窒息與衰敗。

中國正面臨「多發性經濟風暴」

新冠疫情期間，面對超過七十個城市、覆蓋三億人口、經濟增長急速下滑的清零封城政策，習近平宣稱絕不改變、絕不動搖。顯示當前這位最高領導人，完全無感於庶民生活之痛苦，無知於經濟凋敝的危機四伏。一個案例顯示，在北京一份月薪一萬元人民幣的工作，一天之內就收到超過一千份的求職信，這顯示中國已出現嚴重的就業問題，據統計，二〇二二年九月，中國十六歲至二十四歲城鎮青年的失業率達到二〇％，創下歷史新高。除此之外，中國正面臨「多發性的經濟風暴」，從大量失業、企業裁員、商家倒閉、消費萎縮、金融脫序、財政虧空、外企撤離、外資流出等等，自稱偉大的習近平，完全沒有提出有效的對策，甚至完全無視問題、規避真相，乃至宣稱所謂「中國特色的防疫工作」取得了巨大的成功！

領導者最基本的條件就是「苦民所苦」，但習近平卻「虐民以樂」。在他眼中，「保黨」重於「利民」，紅色江山勝於庶民百姓。在此情況下，被自家人吹捧上天，被愚忠黨員、無知粉紅伏跪在地的中國共產黨，不止於表現出少數統治集團的專斷性，更是被一個人的野心與傲慢所驅動的政治機器，無情地吞噬和碾碎草芥不如的中國百姓。

「中國式現代化」只是中國共產黨「專政的現代化」

習近平提出了中國發展的最高願景：中國式現代化，但隨即定義其內容為「中國共產黨領導的社會主義現代化」。這種現代化既非西方社會以科學、理性、民主為要素的現代化，也不是以儒家倫理、亞洲價值為內涵的「東亞現代化」，其本質就是「專政的現代化」，一種共產黨恩賜的、許可的現代化，一種沒有民間自主發展、沒有公民社會自發參與，沒有個人自覺創造的現代化。

換言之，習近平號稱「中國式現代化」是「實現高品質發展，發展全過程人民民主，豐富人民精神世界，實現全體人民共同富裕，促進人與自然和諧共生，推動構建人類命運共同體，創造人類文明新形態」的現代化，這一連串華而不實的夢幻詞語，實質上是「習近平定義的現代化」，是習近平高調宣傳的美麗辭藻，習近平自己編造的抽象形容詞。這種自以為崇高的現代化，既與中國人民與中國社會毫不相干，也和世界文明與人類進化無所關聯。

習家班一統天下：中國宮廷政治的重現

二〇二二年十月二十三日，中共二十大公布了新任的政治局常委，分別是習近平、李強、趙樂際、王滬寧、蔡奇、丁薛祥和李希等七人。這些人物的出線，完全反映出習近平「用人唯親」的原則，以及一種宮廷政治的特色：

- 絕對效忠習近平，不動搖、不懷疑、不變心，也就是一種「裙帶／跟班」的特性。
- 長期以來堅決執行習近平的政策，甚至懂得為習近平的政策錯誤背黑鍋。
- 具備鬥爭精神，要為習近平敢於鬥爭、敢於亮劍。

除此之外，新任的政治局常委多屬「權力官僚」（power elite）而非「技術官僚」（technocrat），這就使得「權力生態」與「職務分工」之間產生嚴重的失衡，表現出習近平只重「統治」，忽視「治理」，完全無力解決中國未來的經濟危機與人民生活問題。例如李強，既缺乏國務院副總理的歷練，也無耀眼的政績，如此人才若能越級晉升總理職務，根本違背了政治責任與倫理；又如蔡奇，在北京執行「清理低端人口」問題上，表現出對底層庶民的殘酷無情，此人也可進入常委圈，只能證明習家班是一個必將走向衰敗的冷血政權。

文明退化與價值蒙塵

在二十大召開前後，整個中國大地充滿著吹捧文化、「舔習」聲浪和拜神運動，實際上，習近平把自己捧上權力顛峰，卻把民族與國家推向斷崖邊緣。二十大以後，中國將走向一條「文明退化」與「價值蒙塵」的路線。所謂「文明退化」，可以從他對「國家安全」的極度偏執、對「敢於鬥爭」的強調、對意識形態的極端化與冒險化、對地緣政治的全面控制，就可以看出一切只為保黨、保江山，而非致力於人民的安居與幸福；所謂「價值蒙塵」，則是指只有「共產黨的絕對領導」是唯一的真理，其他的價值一概一文不值，這是對人類價值的逆反而行與粗暴獨占。

一個「遠得要命的王國」

無論從世界的哪個角度來看，中國已成為動畫《史瑞克》（*Shrek*）中的「遠得要命的王國」（the kingdom of far far away）。其雖自稱強大，卻遠在人類文明邊界之外，遺落在自我吹噓的歧路上。

習近平與中國悲劇的未來

世上從來沒有英明偉大的領袖，只有被神化且權力不受約束的野心家。

二〇二二年四月二十七日，美國眾議院以壓倒性多數通過《評估習近平的干涉和顛覆法》（*Assessing Xi's Interference and Subversion Act*），英文縮寫剛好是「AXIS Act」，即《軸心法》。很湊巧，這個簡稱正好類比二戰時期德義日（法西斯主義）「軸心國」，也類似二〇〇二年年一月美國前總統小布希（George Bush）國情咨文中，以「邪惡軸心」（Axis of evil）指稱包括伊朗、伊拉克和朝鮮等「支持恐怖主義的政權」。偉哉！習近平將「冠名」登上美國法律，享有連二戰時期受到世界「最高敵視」的希特勒都無法獲得的政治待遇。然而，此一趨勢絕非中國之福，而是中國悲劇的未來。

這種「中國悲劇」，既非承包也非代工，而是「中國製造」（made in China），也就是習近平親自指揮、親自部署。

儘管法案須經參眾兩院通過並經總統拜登簽署才生效，法案也以進行式的「評估」（assess）而非「反對」（anti）或「制裁」（sanction）為執行形式，重點亦在監視俄烏戰爭期間中國是否「偷助」俄羅斯，以致破壞美國制裁俄羅斯的行動，但以他國領導人「冠名」一項負面性法律，在美國法律史上實屬罕見。由此可見，法案對中國國家主席習近平具有很強烈的個人針對性，也顯示美國對中國已經「忍無可忍」，中美關係將持續惡化、難以回春。

毛澤東以來最強勢的中國領導人

二〇二二年五月二十三日起，《新華社》推出了五十集的微影片《足跡：一路走來的習近平》，內容跨越四十多年來習近平的從政經歷，很顯然，這是中共在二十大以前對習近平的「造神運動」。據香港《明報》報導，習近平在十九大獲得「核心」的稱號之後，將在二十大獲得「領袖」的尊稱，也就是繼毛澤東之後第二位獲得「領袖」稱號的黨國領導人。

毫無疑問，習近平被視為自毛澤東以來中國最強勢的領導人，不僅強力統治中國，更想改變國際、稱雄世界。美國國務卿布林肯於同年五月二十六日喬治・華盛頓大學的中國政策演講中，把習近平定義為「對內壓迫、對外好鬥」的獨裁者。特別是習近平以「中國崛起」而斷定「東升西降」，斷定專制必將戰勝民主，進而敵視西方、對抗美國、壓迫台灣，並且在俄烏戰爭中支持侵略的俄羅斯，乃至與流氓政權（北韓、緬甸、伊朗、委內瑞拉、阿富汗、巴基斯坦等等）結合，沆瀣一氣，同流合汙。

三個習近平，各個不相同

習近平有三個：一是福建時期，二是浙江時期，三是北京時期。三個時期，各不相同。福建時期以親民著稱，我在這一時期見過習近平，其人低調沉穩、城府很深，但也能輕鬆漫談兩岸關係與台商投資；浙江時期以勤政聞名，精於調研與查訪；然而，北京時期則完全變樣，以剛愎自用、獨斷專行而名揚世界。面對當前這位國家領導人，中國境內無人願意勸說改變，無人斗膽說出逆耳忠言，人人揣摩上意、加碼表忠。

一般預估，未來五年或十年，習近平將決定並改變中國的命運。在一人獨攬中國發展道路，一人凌駕法律之上的體制下，中國未來的命運將是一場「零和遊戲」，一個「一人獨尊」與「一無所有」之間的戰爭，一場自懸孤立、與世對決的生死對抗。

進入北京權力巔峰的習近平，對照於福建經驗和浙江施政的習近平，判若兩人。在北京，圍繞在習近平身邊的智囊或策士大約有三種人，馬克思主義的教條主義者、反美仇外的極端民族主義者、純粹武力的軍事冒險主義者。這三種人合成了一種思想：習近平主義，一種「硬漢打鐵」、一種標舉「唯我正確」，一場號召民族復興而稱霸世界的夢幻組曲。

習近平的「新毛澤東主義」

習近平主義是一種「反鄧小平的新毛澤東主義」。這裡所謂的「新」，是指習近平將把毛的階級鬥爭國際化，把毛的「反蘇修」倒轉為「聯俄反美」，把鄧的「韜光養晦」倒轉為「戰狼外交」，在經濟上把鄧的市場社會主義扭轉為黨國資本主義。

定於一尊的習近平主義，這種混和了大一統意識、專制威權政體、民族沙文主義、狂熱愛國主義的大雜燴，一舉掃清了鄧小平以來主張市場開放、和諧世界和政治體制改革的自由派，拋棄「韜光養晦，有所作為」的理性外交，打擊所有「妄議中央」的批評家，壓迫「非漢」的少數民族，不斷升高兩岸軍事緊張，豢養一群御用學者和五毛粉紅，打擊以馬雲為代表的創業資本家，堅持「清零」卻清出了視百姓如芻狗的官僚嘴臉，造就了十四億「聽黨由命」的韭菜百姓，以及一個被視為世界公敵的新中國。

習近平主義：中國特色的法西斯主義

以西方的語言來說，習近平主義又叫「中國特色的法西斯主義」。什麼是「法西斯主義」？法西斯主義最大的兩個特徵是：獨裁與好戰。意大利哲學家安伯托・艾可

（Umberto Eco）一九九五年在《紐約書評》（*The New York Review of Books*）發表〈永在的法西斯主義〉（Ur-Fascism）一文，當中指出法西斯主義的特點，包括把異議視為叛國、反對外來者、對傳統的狂熱崇拜與拒絕現代思想、排斥多元與差異、用陰謀論讓追隨者產生危機感、男性沙文主義、喜歡展示武器的英雄崇拜、領袖主導的民粹主義、以教條壓制獨立的批判性思想等等。

所謂「中國特色的法西斯主義」，是指發生在中國境內的如下徵狀：

- 以「反腐」為名而肅清政敵和打擊敵對派系的政治鬥爭。
- 解構「集體領導」改以「習核心」為最高領導的一人領導制。
- 不容分享權力、不許批評，只能「眾星捧月」的共產黨專政。
- 崇尚不怕犧牲，英勇鬥爭的英雄主義。
- 高舉毛澤東「為有犧牲多壯志，敢教日月換新天」的領袖崇拜。
- 強力壓制並把異議知識分子定為「叛國者」。
- 以「東升西降」為口號的反西方路線。

- 建立「世界一流軍隊」「能打仗、打勝仗」的強軍擴張政策。
- 以強調集體服從、漠視個人生命價值的高壓「維穩」。
- 以非證據和非針對性的「泛─反恐」為名，在新疆鎮壓維吾爾族人的「國家恐怖主義」。
- 以「社會信用」為名，廣布街頭監視器辨識人臉的社會管控。
- 堅持病毒「清零」的粗暴防疫與踐踏人權。
- 網路監控、刪號、屏蔽、封鎖真相、壓制反對意見、羅織公民記者的數位極權主義。
- 編造一個「歷史虛無主義」名詞，打擊一切「與黨不合」的學術爭鳴。
- 以「說好中國故事」為名，實則製造假訊息、假故事，試圖解構西方價值觀念的「大外宣」。
- 載入教科書，人人背誦「習思想」的個人崇拜。

換言之，習近平主義完全符合安伯托・艾可所述的「法西斯主義」內涵，也就是

「中國特色的法西斯主義」。

習近平為何仇視西方？

儘管習近平的父親習仲勛受到了毛澤東極不公平的待遇，包括政治上「反黨」的誣陷以及遊街示眾的羞辱，但習近平依然對毛澤東抱有「斯德哥爾摩效應」的人格崇拜，凡事求「過硬」與「大全」*，重視權力與控制，堅持「反美帝」，具有強烈的「唯意志論」色彩，其對防疫「清零」的堅持，猶如當年毛澤東對「大躍進」的頑固。基於一種黨國領導人絕不可批評的思想，在二〇一七年的十九大六中全會第三個歷史決議中，習近平顛覆了黨史上對毛澤東錯誤的評價，採取了文過飾非的立場。

作為「紅黑兼具」的政二代，習近平不是常人，而是一個「黨人」（partisan），性格上具有很強的控制欲、虛榮心與排外性；在其所有談話與政策中，最重要的關鍵詞就是「控」：防控、監控、管控、嚴控等等。即使例如青少年每天應該花多少時間玩電玩遊戲，他要管一管；男性藝人是否過於女性化，也要管一管。在這種「全面管控」之下，中國已成為「十四億國民，一種習近平思想」的一言堂社會！

習近平認為，黨性、黨權、黨紀、黨風、黨魂，應該超越個體的獨立性與自主性，個人的價值必須附隨或綁定在黨的輝煌之上，個人在黨的面前是渺小的、微不足道的，也就是「黨性高於人性」「黨權高於人權」；他對人民「對黨絕對忠誠」的要求，已經到了一種歇斯底里的欲望，因為這是所有極權統治不可或缺的人性材料。而所謂「黨性」，沒有別的，就是自覺地與黨中央保持高度一致，無條件聽命於黨中央。西方社會所謂普世價值、言論自由、人權保障、多元主義，習近平一律視為「反黨思想」，他經常掛在嘴邊的中國不需要西方人權「教師爺」，就是一句仇視西方的陝西土話！

所謂「西方」，就是反華

習近平並非不讀書，但讀的只是例如《聯共黨史教程》《毛澤東選集》《習仲勛傳》等等，鮮少涉獵西方經典名著，知識框架停留在文革時代「唱紅歌」「樣板戲」的工農

---

*編按：「過硬」是形容行事手段過於嚴厲激烈，而「大全」是指任何事一次都要全部到位。

兵水平。以「延安窯洞」看世界，以蘇聯解體的經驗治黨、管黨，以「井岡山經驗」治國理政，以「長征思想」「抗美援朝」塑造愛國主義。習近平缺乏西學素養，對西方社會的正面性認識不足，不諳民主科學，缺乏對西方價值的基本尊重，因而養成了一種系統的「西方敵對論」。

在習近平眼中，「西方」是一個十九世紀觀點，西方就是境外反華勢力，是一個墮落世界、敵對領域、反華陣營，是欺侮中國人的帝國主義兇手，是阻礙當今中國發展的頑固仇家。在中國積弱不振之時，中國被迫學習西方、屈就西方，但在中國強大以後，中國就必須反制西方、對抗西方。在習近平腦中，充滿超英趕美、世界大國、東升西降、「帝國主義亡我之心不死」等等詞彙，甚至以為有了十四億隻愛國應聲蟲，外加血脈賁張的「五毛」，就可以擊敗美國、稱霸世界。

中國夢：二十一世紀的中國噩夢

以貸款協助他國基建為名，實則在世界各地製造「債務陷阱」，謀奪他國稀有資源和戰略位置的「一帶一路」；以替世界未來新秩序提供中國方案和中國智慧為口號，實則對美國勢力邊陲地區進行迂迴包抄戰略的「人類命運共同體」；由中國倡議並由中國「做莊」，充當中國殖民主義「傳銷產業」的「亞投行」；以「再教育」之名關押勢單力薄的維吾爾人進行思想改造；以國安之名對香港民主運動進行粗暴鎮壓和秋後算帳；以主權之名對台灣「全年無休」的軍機騷擾。這些習近平「親自部署、親自指揮」的「中國夢」，結果都是出乎意料、適得其反！

「一帶一路」使受援國深受環境破壞、資源掠奪與中國血汗企業剝削的痛苦，以致各國重新反思中國種種不公正契約帶來的新殖民主義（當前斯里蘭卡瀕臨政府破產就是一例）。「亞投行」在面臨債務風險之際，效益不彰、無利可圖；對維吾爾族人的所謂「再教育營」，引起世界各國的反對與制裁；對歐洲國家的濫施反制裁，導致中歐貿易協議與政治關係陷入冰點。新疆「種族滅絕」罪名成為世界看待中國的「關鍵詞」；鎮壓香港使「一國兩制」入土為安，昔日榮景一去不返，外國資本逃之夭夭，也使中國對台政策失去一個可能選項；至於天天光臨台灣的軍機騷擾，則使台灣強化國安意識和戰備提升，更使美國加碼對台軍售，「抗中保台」政策逐步戰略清晰化。

以香港來說，只說一點就已足夠。二〇二二年五月三十日，習近平在北京接見新任香港特首李家超時說道：「香港一國兩制的實踐獲得舉世公認的成功。」毫無疑問，習近平是一個以人民災難而自我感動的人！

再說新疆問題，習近平有什麼權力可以決定一千一百六十二萬維吾爾族人的生活？習近平有什麼資格決定台灣二千三百萬人的命運？

地方治理與中央領導，完全兩個樣！

然而，習近平並非沒有政績。梁家河插隊落戶時期，粗茶淡飯、苦守寒窯，與農民相處良好，這段勞改經驗，所謂「刀在石上磨，人在難中練」，養成了習近平「農民能吃苦、國家也能吃苦」的「農民治國意識」，塑造其「扛二百斤麥子，十里山路不換肩」的超人神話，喜歡用陝西土話、文革術語來定義當下世界局勢。

福建時期，習近平在打擊幹部特權、發展山區經濟和招商引資方面頗具成效。福建多山，習近平提出了「山海聯動發展」，把資金、技術、物資、勞力等資源在沿海發達區與山區腹地間進行優化配置，使山區企業直接進入沿海市場，推上對外開放的前沿位置，縮短與沿海的經濟距離。習近平二〇〇二年離開福建時，福建的ＧＤＰ由一九八五年全國排名第十七，上升至第十位，占全國ＧＤＰ比重也由二・二二％上升到三・七一%，福建並因此確立為「外貿大省」的地位。

浙江時期，他在推動城市發展方面頗為著稱。習近平提出了「八八戰略」，連接上海「長三角」發展區域經濟，提出「學滬蘇之長，北接上海，東引台資，參與長江三角洲的發展」，所謂「借船出海」「借梯登高」，其每夜書寫的「之江新語」記錄了浙江施政新藍圖。習近平主政浙江時期，浙江的GDP穩居全國第四位，其占全國GDP比重從二〇〇二年的六・六五%，上升到二〇〇七年的七・〇六%。

然而，到了北京的習近平除了完成一個「（假）脫貧」之外，性格與政策完全變了調、走了樣，過往的成績不足以彌補今日的失誤。坐上權力高位的習近平，日趨封閉和偏聽，所謂「上有所好，下必甚焉」，身邊幕僚盡是「窩囊」的智囊，官方媒體盡是「學舌鸚鵡」的傳聲筒，底下盡是揣摩上意的樣板官僚。這種「侍從政治」（client politics），讓習近平變了臉、換了腦袋，走上偏執獨斷和對抗世界的錯誤之路。毀了改革、誤了中國。

清零，二十一世紀的「中國愚昧」

由於仇視西方，一切「以黨掛帥」，習近平既不重視經濟，也缺乏西方科學與現代經濟學知識。當時更熱傳所謂「李升習降」，特別是二〇二二年五月二十五日，國務院總理李克強緊急召開十萬人參加的「全國穩住經濟大盤電視電話會議」之後，被外界視為「習李分裂」的徵兆。但實際上這只是李克強取回早被習近平奪走的經濟治理權，以「救火隊」的身分，挽救習近平不顧經濟後果、無視封城之下人民生計的清零後遺症。

雖然「清零」並非病毒防疫不可採行的選項，但中國的「清零」政策，沒有人道的考量與尊重，不是依據科學事實與公衛知識，沒有區分病毒變種的不同型態與輕重之別，只是一味採取「文革式防疫」，一種不惜代價的蠻幹。這種「只有隔離，沒有治療」的粗暴防疫，習近平卻一再宣稱中國取得了比西方更優異的抗疫成就，認為二個月的武漢封城，證明中國是世界唯一清零成功的國家；認為「打好武漢保衛戰」，也能「打好上海保衛戰」。

但實際情況並非如此，防疫既要看數字，也要看成本，更要依循科學規律。當清零所產生的「次生性災難」和經濟損失遠大於清零的效果時，清零政策就是「不可持續的」

（unsustainable）。當全世界都開始採取與病毒共存，讓經濟生產正常運行之際，只有中國逆風而行，其目的只有一個：以清零證明社會主義體制的優越性。

二〇二二年五月五日，習近平在中央政治局常委會上，宣稱「防控方針是由黨的性質和宗旨決定的」，再次強調堅持嚴格的防疫政策，並要「堅決同一切歪曲、懷疑、否定我國防疫方針政策的言行作鬥爭」。儘管沒有人知道究竟是黨的什麼性質和黨的什麼宗旨，決定了中國的防疫政策，但可以確定的是，這是「習近平性質」所決定的。一場公共衛生與流行病問題，變成了政治鬥爭問題！習近平宣稱「清零是科學而有效的」，不知他所說的「科學」是哪門子的科學？

習近平一聲令下，中國陷入嚴厲封城的災難之中。據說不封城可能造成更多人的死亡，但封城肯定使經濟陷入一灘死水。中國疫情的癥結在於：中國國產的疫苗質量不佳，防護力不足，老人接種率低下，同時又不願進口西方防疫力較高的mRNA疫苗，以致中國的集體防疫覆蓋面十分低落。令人疑惑的是，既然接種率不足，為何寧可天天檢測、反覆篩檢卻不順便打疫苗？另外，以公安和志工為主體的防疫人員素質低落、極端無知，不懂病毒只會人傳人，不會物傳人，乃至發生撲殺貓狗、銷毀物品、亂扔盆栽等等無厘頭防疫，似乎只要穿上白色防護衣，就擁有侵門踏戶、出言恐嚇的權力。然而，中共宣傳機器卻以「北京靜默」「鄭州休息」「全域靜態管理」「原地相對靜止」等等文青浪漫語言，以中共慣用的文字遊戲和宣傳魔術，掩飾嚴酷的封城事實。似乎，除了粉飾，無法太平，人類醫學積累的科學事實遠遠比不上習近平一人的政治決斷。

面對新冠病毒，習近平採取的是一種「運動式治理」「法律武器化」和「官僚獨斷化」的指揮與部署，這就是毛澤東主義的重現，延續中共統治的內在慣性和路徑依賴。而所謂「治理」，實質上就是「控制」。在這種「疫情政治化」之下，充分暴露習近平對社會控制與政績誇耀的興趣，遠大於進口和接種更好的疫苗。實際上，清零清除不了病毒，卻清死了經濟，也清出了中共的體制暴力。

在上海「清零」中，居然有防疫警察手持來福槍來回巡邏，號稱所謂「防疫維穩」；居然有防疫警察用掛帶利刃的鐵刺網將社區層層包覆；居然有「一人得陽，全樓拉走」的極端作為；居然出現防疫人員破門或翻窗「入戶消殺」的盜匪行徑。而所謂「消殺」，竟然是打開居民家中的冰箱，直接噴灑大量的消毒水，乃至電擊棒伺候，連拉帶拖，把居民強制帶往隔離！如此景象，宛如重演文革「武鬥」，再現「紅衛兵抄家」。

由於足不出戶，清明假期上海沒人祭墳，而是關在家裡躲病毒。微博一帖「封城詩」寫道：

清零時節淚紛紛，核酸出陽欲斷魂，
借問物資何處有，大白遙指沒一村。

還有一位上海人在微博上留言：

只要不是死於新冠，怎麼死的都可以！

這是我們最後一代，謝謝！

一段被稱為「史詩級對話」的影片呈現，一群防疫警察（又稱「白衛兵」）闖入民宅，要把一對核酸陰性的年輕夫婦強行拉走隔離，在遭到拒絕後竟出口威脅：「你要是不走會受到行政處罰，影響你三代。」年輕的小夥子冷靜地回答：「這是我們最後一代，謝謝！」這是一句哀莫大於心死的回話，不惜以「不孝有三，無後為大」的罪名，對如此暴力防疫表達悲涼的反抗。這意味中國年輕世代準備以「斷子絕孫」，一種早已不對未來抱持任何希望的厭世態度，來表達對黨國「絕我後代」的抗議！

不僅如此，習近平既要堅持清零，導致經濟活動關廠停擺，又要下令今年的GDP必須超過美國，這種「既要雞生蛋又不給雞吃飯」的矛盾主張，不知如何實現與達成？

實際上，姑且採信中國的統計數字，中國自新冠肺炎爆發以來的死亡總人數，遠低於因病或意外死亡的總人數，對比之下，為了降低新冠死亡人數而堅持清零，意義何在？這種清零思維，豈不等同於被蚊子叮咬就開刀動手術？真實的情況是，習近平的目標不在於清除病毒，而是把清零當作「個人政績」與「連任籌碼」。比起習近平的連任之路，底層人民的生命與財產，不過就是「韭菜命」，怎能與習近平二十大之後的「英明領袖」相提並論？

階級鬥爭的國際化

「新毛澤東主義」的要素之一，就是把階級鬥爭國際化、把國際關係視為國家鬥爭關係、把國際組織視為國家爭權的工具、把外交記者會辦成吵架大會，所謂「戰狼外交」就是由此而出。自習近平上台以來，西方國家對中國的普遍反感與反制，戰狼外交功不可沒！

習近平二〇一九年曾經親筆下條子，要求外交官面對中美關係惡化等國際挑戰，必須立場強硬，展現「鬥爭精神」。於是外交鬥爭執行官外交部長王毅，就帶領一批戰狼外交官在世界各地衝鋒陷陣。王毅在一次論壇中高姿態地表明中國的「對美政策」：「要對話可以，但應當平等；要合作歡迎，但應當互惠；要競爭無妨，但應當良性；要對抗不懼，將奉陪到底。」不到三個月，美國國安會印太協調人庫爾特．坎貝爾（Kurt Campbell）也做出回應，表明美國與中國接觸的時代已經終結，美國對中政策改變的核心因素就是習近平本人。坎貝爾指出，習近平對經濟不感興趣，非常講意識形態，同時寡情薄義。實際上，戰狼外交無法建立國際友誼，完全無助於中國的國家利益與國際形象，只有樹敵，沒有朋友。

中國的「數位極權主義」

許多人把中國稱為「牆國」（The Great Firewall of China），因為中國建立禁止其人民登入境外網路和獲取訊息的防火牆——「網路長城」，並且通過嚴密的網路審查，封鎖和刪除一切官方看不順眼的言論，甚至利用手機應用程式、生物數據蒐集系統、人工智能、大數據等等數位科技，監控和追蹤人民，以便牢牢控制中國人民的大腦與行動。

在習近平鼓勵並推動網路監控之下，中國已成為喬治．歐威爾小說《一九八四》裡的「老大哥國家」。二〇一三年八月，習近平在「全國宣傳工作會議」中提出警告：「西方反華勢力一直妄圖利用互聯網『扳倒中國』……」；在二〇一五年十二月浙江烏鎮的「世界互聯網大會」中，習近平提出了「網路主權」的概念，也就是中國要依據自身的利益，建立中國式網路政策與戰略，把網路作為「超限戰」——認知作戰——的強大武器之一。

疫情期間深入個人的監控手段就是手機上的「健康碼」。這項技術可以根據地理位置、旅行史、核酸檢測結果和其他健康數據，生成特定用戶的檔案。當局依據健康碼顯示的綠、黃、紅三種顏色，決定居民所有行動的許可或禁止。健康碼還可用來追蹤政治異議分子，反對者一有不服，「煽動顛覆國家政權罪」和「尋釁滋事罪」兩項罪名，立刻找上門來，扣你頭上。

牽手俄羅斯，自找孤立與自絕世界

自近代以來，俄羅斯先後通過《尼布楚條約》《恰克圖條約》《瑷琿條約》《北京條約》《塔城界約》《伊犁條約》《科布多塔爾巴哈台界約》，以及唆使唐努烏梁海獨立、占領黑瞎子島、唆使外蒙獨立，成立「蒙古人民共和國」，外蒙從此脫離中國，乃至中共執政之後簽署《中俄睦鄰友好合作條約》等等，截至一九四五年止，俄羅斯總共謀奪了中國領土總共五百八十八萬三千八百平方公里！對於這個真正侵略中國的最大帝國主義者，習近平竟與之簽訂《中俄聯合聲明》，只讀「黨史」卻不讀中國近代史的習近平，宣稱中俄兩國友好關係「沒有止境」，宣稱普丁是他「最知心的好朋友」！

與普丁「哥倆好」，除了擺出反美的虛張聲勢，被國際社會視為俄烏戰爭的「幫兇」之外，對中國一無是處！習近平以為俄羅斯必將「閃電攻占烏克蘭」，那麼中國也可以「迅雷奪取台灣島」。習近平的真實立場是：假挺俄、真反美。挺俄是戰術表演，反美才是戰略核心。直到西方國家對俄羅斯進行翻天覆地的制裁，看見俄羅斯在侵烏戰爭中一籌莫展之後，才驚覺苗頭不對，才發覺站錯邊、押錯寶，產生「今日制裁俄羅斯，明日懲罰中國」的危機感。但中國此刻已是過河卒子，即使想掉頭轉向也為時已晚！

對中國戰略定位的誤判

習近平最大的偏失是對中國「國際角色」與「戰略定位」的誤判，此一誤判導致他矢志顛覆以美國為主導的國際秩序，但實際上中國力不從心、大夢難圓。

從西方的視角來看，習近平被視為當今世界最大的「規則破壞者」（rule breaker），破壞黨內任期制度的規則、破壞科學防疫的規則、破壞市場經濟運行的規則、破壞普世價值與國際秩序的規則、破壞學術自由與知識分子地位的規則、破壞兩岸和平發展的規則，破壞民族平等與族裔自治的規則，最後，破壞了國際社會對中國的期望與信任。

從中國庶民的親身體驗來看，一場「清零」運動，清出了人民對共產黨本質潛在的嫌惡與鄙視，清出了對黨國暴力的體驗與覺悟，破壞了人民對於政府的信任。當中國面臨人口負成長的危機之際，年輕世代卻以「不生不育」來終結自己被奴役的一生，乃至發出「後代不做中國人」的終極絕望之時，中國未來的悲劇不言自明、可想而知。

對兩岸關係的嚴重誤判

習近平不斷強調以武力實現祖國統一，發動全年不打烊的軍機擾台，緊貼台灣航空識別區卻美其名為「常態巡航」，使得曾經百花盛開的「兩岸關係」變成「兩岸沒關係」。當然，習近平可以不在意兩岸關係的榮枯，不在乎台灣民主體制的存廢，但國際社會卻時刻緊盯、高度關注。

習近平僅僅以「民進黨執政＝台獨」的簡化邏輯，以十四億民意大於二千三百萬民意的大小對比，以「武統」作為對台政策的主軸，這是習近平對兩岸情勢「以對抗代替和談」和「軍事冒險主義」的嚴重誤判，將原先可以通過和平交流、經貿互惠、理性溝通、制度學習、民間友好等等「友誼政策」，實現兩岸自然趨近、多元融合、相互理解，乃至可能的統一形式一掃而光、化為烏有。習近平只看到解放軍是否具備攻台能力，卻看不見美國及其盟友保衛台海安全的意志；習近平堅決實現祖國統一的意志，卻不知美國同樣堅決維持其世界領導地位的力量；習近平只知「台灣問題」對中國非常敏感，卻不知台灣問題對國際社會一樣敏感！

習近平不知，台灣海峽不是中國的私人後花園，而是人來人往的交通要道；習近平不知，「一國兩制」何以在台灣失去民意市場；習近平也不知，民進黨為何可以不訴求政績，只要喊出「抗中保台」就可以贏得執政。

俄烏戰後，西方全力圍堵中國

無論俄烏戰爭結果如何，牽手俄羅斯的中國必將成為「連坐制裁」的對象，承受來自美、加、英、歐、日、澳、紐、印「新八國聯軍」的圍堵，面對「國際抗中統一戰線」的圍攻。美國連續作出數十個制裁中國的法案，歐盟與G7也連番以中國為敵，波羅的海三國採取「離中挺台」的外交政策，德國逐步採取與中國市場脫鉤，「四方安全對話」（Quad）劍指中國，「英美澳安全協議」（AUKUS）旨在遏制中國軍事擴張，「五眼聯盟」（Five Eyes）則緊盯中國一舉一動，國際資本與外資企業紛紛撤離中國。連日本也關切台海安全而積極推動圍堵中國的東亞安全戰略。中國已經處於四面楚歌、八方為敵的困境之中。

在日本政府二〇二一年與二〇二二年連續兩年公布的《外交藍皮書》中，都批判中國對普世價值的蔑視和地緣政治的擴張，警告中國對台灣的軍事冒險，宣稱中俄聯手是世界和平的亂源，直指中國是日本最大威脅。

習近平這種自找孤立、自找制裁、自絕世界的領導人，不是什麼「核心」，也不是什麼「領袖」，而是一場「大國悲劇」的編劇與導演。世界所有的人為災難都是來自獨裁者的野心。習近平腦中的「毛主義遺緒」和「世界第一的大國意識」，是一切錯誤的總根源。直到今日，中國始終自欺之後而自信，依然看不到這個錯誤根源得到反思與糾錯。

第10章 與之告別：那些年曾與之手拉手一起走的諸國，為何該趕緊斬斷這段「爛桃花」？

雞同鴨講了什麼？白話「拜習通話」的戰略博弈

美國總統拜登曾在二〇二二年三月十八日，與中國國家主席習近平進行視訊通話。拜登的目的是警告習近平軍援俄國、規避制裁的後果，中國的立場則是假裝中立，轉移話題；美國的態度是單刀直入，中國則是閃爍其詞，反而大談中美關係、台灣問題和反對西方制裁。這場既不聚焦也不同調的對話，明明是「雞同鴨講」，為什麼「雞」還是要同「鴨」講？由於國家的戰略意圖總是藏在外交語言的背後，所以值得我們對這場「雞言鴨語」進行意圖分析。

為何美國要「雞同鴨講」？

就美國來說，在掌握具體的情報之下，查知俄羅斯向中國求援而中國準備拔刀相助之際，美國「掌握時機」警告中國，切莫站錯邊、押錯寶，否則將面臨美國至少二級以上的制裁。實際上，美國並非「事先警告」中國，而是確實掌握例如中國「大疆」科技公司，持續以「商業散裝」方式支援俄羅斯無人機，殘害烏克蘭人民之時，決定採取「警告戰略」。然而，美國深知中國根本不會理會美國的警告，也深知中國不會改變「親俄貶烏」的立場，甚至已知中國依然會繼續暗助俄羅斯。既然是「雞同鴨講」，美國為何又要大費周章地進行一場元首會談？

這是因為美國要「假戲真做」，演一場「變臉魔術」，既要從中取得「制裁中國的戰略高地」，也要取得「先禮後兵的道德程序」。美國擺明「我已經跟你說了」「別怪我手下不留情」，若不聽，後果自負！

既然美國非要「雞講」，中國就來個「鴨回」

就中國來說，如果軍援俄羅斯，極可能扭轉俄烏戰局，令美國窮於應付。換言之，美國有求於中國！在此情況下，美國理應跪求中國協助俄烏停戰；沒想到美國果然來者不善，居然斗膽警告中國。既然美國非要「雞講」，中國就來個「鴨回」，中國既不拒絕，也不承諾，大打烏賊戰，讓美國既打不到靶心，也無法稱心如意。中國擺明：我已經告訴你了，俄烏之戰的起因美國是禍首，北約是幫兇，所以一個巴掌打不響、解鈴還須繫鈴人！

也就是說，在「雞同鴨講」之後，雞還是雞，鴨還是鴨，無論俄烏戰爭的結果如何，美國早已備妥了制裁方案。同樣地，無論美國如何施壓警告，中國早已決定與俄羅斯一起反制美國。美國是厲兵秣馬，中國是放馬過來！

美國深知中國挑不起國際責任的重擔

美國早知中國根本不會勸說普丁停戰，也深知中國根本沒有居間斡旋的意願與能力，所以一再刻意「逼問」中國，逼出中國黔驢技窮的投機立場。美國深知中國或許在「個別言辭」上會露出一些同情烏克蘭的表態，但「中俄同盟」的戰略框架和「助俄反美」的立場不會改變，所以中國一定採取逃避與閃躲策略，顧左右而言他。

實際上，美國正是利用中國的「閃躲伎倆」和「堅不吐實」的習性，逼出中國現出面具背後的原形。在原形畢露之下，美國就取得一個「正當性籌碼」，也就是取得再度並增強對中國進行制裁的合理依據。美國採取的策略是：中國不會誠實，所以要拆除面具，讓中國露出廬山真面目，讓世人知道，習近平並無承擔國際責任的意願與能力，暴露習近平對國際政治的淺薄與無能。換言之，美國佯裝給予中國一個扮演「世界大國」的機會，但美國確定中國挑不起這個重擔！

中國只要仁義八股、假裝中立就好

其實中國也是假戲真做。中國當然也知道，美國不會相信自己的敷衍之詞，但見見面、說說話、演演戲也無妨，至少可以擺出「中美平起平坐」的姿態，展現「平視美國」的架式。習近平深知，只要擺出絕不聽從美國人使喚，堅決不在美國的壓力下低頭，只要擺出「戰略自主」的姿態，就能凝聚中國內部的民族主義，實現愛國群眾對中共的效忠。中國不是已經宣告，中俄合作「沒有上限、沒有禁區」了嗎？美國尚且不敢在烏克蘭上空設置禁航區，怎麼卻對中國設置「戰略禁區」了呢？既然美國明知故犯，習近平只能假裝向拜登表達兩個觀點：一是譴責與制裁並不能解決問題，二是俄烏戰爭的禍首是美國主導的北約東擴所造成，所以解鈴還須繫鈴人。

習近平想要告訴拜登的是：俄烏戰爭與中國無關，美國再多的警告也是多餘，中國自有盤算。在這種「高峰會談」的場合，中國只要仁義八股、假裝中立就好。

中國的「躲避球」戰術

儘管中國有句古諺：「疆場相侵，互有勝負，徒損兵糧，無益大計。」但中國基於「面子」，必須擺出毫不畏懼美國經濟制裁的姿態，何況這些制裁並不妨礙中國對美國的戰略競爭，特別是中國也不會認真預估遭受制裁之後的損失。許多人認為，中美之間的經濟依賴性與互存度，將大大降低中美之間的對抗，但對中國而言，經濟永遠服務於政治，民生永遠低於國家安全。換言之，不管在經濟上如何相互依存，即使在經濟制裁的威逼之下，中國還是會毫不猶豫地追求自己的戰略利益，儘管所謂戰略利益更多的是來自對國際情勢的誤判。

對於中國不想承認的事實，中國一向不會正面回答，理由很簡單，就是中國無法回答。這些例子不勝枚舉，僅以時任中國駐美大使秦剛於二〇二二年三月二十日接受CBS《面對民眾》（*Face the Nation*）的訪問為例，當主持人布倫南（Margaret Brennan）提到聯合國以「入侵」（invasion）形容俄羅斯的軍事行動來逼問時，秦剛的回答是「烏克蘭問題具有歷史複雜性」。何謂「複雜性」？怎麼複雜？這就是中國善用的「躲避球戰術」，當人們投來逼問的直球時，中國總是扭腰擺頭、曲意閃躲，以為如此一來人們就不知中國的意圖與想法。殊不知，以複雜性來掩蓋投機性，正是所謂「欲蓋彌彰」。

美國改採「慢死中國」的策略

既然中國如此「頑石不點頭」，鐵鎚打不碎，那就採取「滴水穿石」「積水生鏽」的策略。實際上，美國對中國的戰略已經改變，不再採取硬碰硬的軍事對抗，不再採取外交勸說、浪費口水，反而採取毛澤東「引蛇出洞」的策略，或者叫「陽光策略」，讓陽光穿透中國暗黑的心房，採取「寄絕望於習近平」，讓中國自暴原形、素顏獻醜。

美國正是利用一場「通話」，塑造了中國「世界公敵」和「假人道主義」的形象，暴露其無力承擔國際重任的本質，然後再以一種溫水煮蛙、漸進勒脖、斷氧窒息的策略來「慢死」中國。

「中國崛起」只是自我吹噓的假性崛起

至於中國，完全不懂什麼才叫「戰略機遇」，不知「世界」為何物。以為「反美」就叫戰略，「有機可乘」就叫機遇。把一個原本可以藉由調停而展現大國風範的機會，棄之、毀之、逃避之。試想，如果習近平懂得「揮淚斬馬謖」，當機立斷與普丁切割，挺身斡旋俄烏停戰，即使經驗不足、力有未逮，乃至功敗垂成，至少也能贏得世界級的尊重，獲得全球領袖的榮光。

可惜這種設想完全不可能，因為習近平沒有這種視野，認為斡旋停戰只是迎合西方、屈從西方，跳不出「聯俄反美」的牢籠；中國也沒有這種國家領導人，足以擔當世界領袖，扮演人類和平的使者。正好相反，中國至今依然把面子當裡子，把鬥嘴當外交，把戰略當打鐵，把民粹主義看成綜合國力，把傻B當作愛國群眾，把自我偏執當成戰略定力。中國嚴重缺乏的是「智慧的戰略高度」和「誠實的自我糾錯」。由此看來，所謂「中國崛起」不過是一種自我吹噓的假性崛起。

美韓拜尹峰會——重塑東北亞戰略新格局

韓國總統尹錫悅於二〇二三年四月二十四日前往美國，進行為期六天的訪問。在「拜尹峰會」之後，美韓雙方發表了「華盛頓宣言」（*Washington Declaration*），雙方將建立一個「核協商小組」（Nuclear Consultative Group），討論應對朝鮮半島核危機的規劃問題。

尹錫悅表示，「華盛頓宣言」標誌著美國以前所未有的承諾，通過核武器加強防禦與阻止攻擊來保護美國盟友。拜登則表示，北韓對美國或其盟友和伙伴發動核攻擊是不可接受的，無論哪個政權採取這種行動，都將導致其政權的終結。

尹錫悅的戰略轉向

自當選韓國總統以來，尹錫悅就開始執行「離中親美」的戰略轉向，這是通過「兩階段過渡」而實現的，而且是幅度很大的「逆轉」。

第一階段是化解韓日之間的歷史恩怨，取得韓日兩國共同對付北韓的共同利益與政治基礎。尹錫悅在一次接受《華盛頓郵報》（*The Washington Post*）的專訪時說道：

有人主張，因為日本一百年前對韓國的所作所為（指殖民與諸多反人道問題），所以「我們不能無條件讓步」「日本必須下跪」，我對這番說法無法接受。歐洲一百年來也發生過幾次戰爭，但戰爭當事國也是為了未來，而找到合作的方法。

這一轉向非常重要。這是一種「未來取向」而不是「懷恨過去」的轉變。儘管面對許多國內左派勢力的批評，但尹錫悅堅決主動釋放「韓國民族主義的負擔」，致力於有效消除韓國的仇日情結與反美意識，這使得兩個國家由原先因為民族仇恨而離異的力量，轉變為共禦外敵的倍加力量。

第二階段是採取迅雷不及掩耳的「離中親美」的政策，通過美韓同盟以保護朝鮮半島的安全。在訪美回答記者提問時，從尹錫悅對於傳聞美國竊聽韓國總統府一事毫不在意來看，顯示尹錫悅很懂得「抓大放小」，顯示韓國聯美的決心非常明確和堅定。

未來，也就是第三階段，南韓將進一步與美國的印太戰略「齊步走」，在遏制中共、制約北韓、維護台海和平，以及倡議國際規則、全球民主戰略上，與西方世界協調一致。這將形成一種「印太北約／東北亞版本」，使印太地區對付中共的戰力大幅提升。

「拜尹峰會」的後續影響

首先，「朝鮮半島無核化」已成為過去，未來的態勢應該是「核對核」的高緊張狀態。這種演變趨勢，一方面是因為北韓「丟雞蛋式」的發射飛彈引起全球公憤，一方面也是美國「龜速外交」讓北韓肆無忌憚所導致「悔不當初」的後果。對此，美國具有亡羊補牢與收拾善後的責任。

第二，「拜尹峰會」之後，將形成重塑東北亞戰略新格局的態勢，形成遏制中共與北韓的「美日韓北三角」。這其中最引人重視的是，尹錫悅多次提到的「延伸遏制」（extended deterrence），這是美國在面對北韓不斷升高核威脅之下所提出的新概念，意思是「傳統武力與核武力量動態結合」的嚇阻概念。在「華盛頓宣言」中，美韓「核子共享」的機制已經形成，美韓將組建一個「類北約的核子保護傘」，那就是美韓決定聯手給予北韓「終極毀滅」的最後警告。

第三，「拜尹峰會」象徵了「韓國崛起」。在美韓聯手之下，韓國不再是一個「半島國家」，也不再是一個「區域角色」，而是「全球國家」，特別是形成一個牽制中國威脅的主要國家。

第四，韓國已不存在對中國的市場依賴。韓國在半導體、汽車工業與影視產業上，已經執世界之牛耳，韓國將從中國這一「中等市場」轉向西方國家的「先進市場」。美、台、日、韓組成的晶片四方聯盟（Chip 4），證明了「韓國崛起」的事實；Netflix決定向韓國影視產業投資二十五億美元，預估將產生一百億美元以上的溢出效應；又例如，近年來，韓國的軍工企業快速發展，已經具有「對外軍售」的能力，這些都足以彌補中國市場的損失。

第五，韓國已不再接受中共「大欺小」的霸凌。過去韓國對中共總是採取「以小事大」的立場，現在已經可以「平視中共」，甚至是逆轉勝。尹錫悅把台灣問題看作全球問題，反對依靠實力改變現狀，證明韓國已經無畏於中共的威脅。

第六，也是最重要的，韓國將成為主導東北亞秩序的關鍵角色，不再忍受北韓的核武威脅。雖然韓國的「核自主」還未能實現，但是在美國「延伸遏制」和「戰略資產轉移」的保護下，韓國其實已經成為一個「半擁核國家」。換言之，韓國將與美國構築一種「小邊主義」的戰略，扮演美國印太戰略環節的夥伴基地，與日本形成一個「雙堡壘」體制。

韓國將告別中國市場

韓國已經不需要再「經濟靠中」。因為如果所謂「靠中」是指對中國貿易順差的依賴，這種依賴已經不存在。韓國產品在中國市場所占份額持續下降，對中貿易逆差已經出現，中韓自由貿易協定（FTA）也已證明是一個不公平的貿易協定，繼續「經濟靠中」只有使韓國的經濟更受傷害。實際上，韓國已經具備對中共「科技鎖喉」的能力。中共近日對美商記憶體大廠美光（Micron）發動國安調查，美國要求韓國業者三星（Samsung）、SK海力士（SK Hynix），不要協助中國填補美光遺留的產能缺口，這就證明韓國具有對中共在電腦組件上「市場斷供」的實力。

其次，韓國儘管宣稱對中「不脫鉤」，但在戰略物資上，韓國已經與中共脫鉤，Chip 4就是一個例證。由於中國已經不再是韓國對外貿易的首選市場，在戰略上也已經「離中親美」，脫鉤也好、不脫鉤也好，中國已經不再是韓國「望之生畏」的對手。換言之，中韓關係已經漸行漸遠，乃至走向不歸之路。

美國「印太北約」構築完成

在承受無數次中共的「南海霸凌」與「主權欺壓」之後，菲律賓也跟隨韓國之後採取「離中親美」的政策。菲律賓總統小馬可仕（Ferdinand Marcos Jr.）謹慎但快速地扭轉了前總統杜特蒂（Rodrigo Duterte）沒有原則的親中政策，並獲得國內高達七八％的支持度。就在尹錫悅訪美結束的隔天，小馬可仕也於二〇二三年四月三十日訪問美國。

一如美韓關係，美菲之間也建立了「飛躍式」的同盟關係。換言之，美國在構築「印太北約／東北亞版本」之後，通過美菲聯合，也就是恢復美菲歷史合作與重建抗中聯盟，構築了「印太北約／東南亞版本」，至此，兩個版本的結合，美國的「印太北約」已然成形。

在韓國之後，菲律賓也站隊美國

五月一日，美菲發表了「美菲元首聯合聲明」（Joint Statement of the Leaders of the Philippines and the United States），在「集體安全」上，雙方構築了以下重點：

1. 雙方界定兩國的關係是一種「親密盟友」（the closest of allies）關係。
2. 包括南海在內的太平洋地區，任何針對菲律賓武裝部隊、公務船隻或飛機發動武裝襲擊，美國將援引一九五一年簽署的《美菲共同防禦條約》（*Mutual Defense Treaty between the Republic of the Philippines and the United States of America*，MDT）第四條所作出的共同防禦承諾。
3. 雙方歡迎「美菲加強防務合作協議」（EDCA）確定的新基地，這將加強菲律賓的安全並支持菲律賓軍隊的現代化目標。
4. 雙方強調他們對「南海航行和飛越自由」（freedom of navigation and overflight in the South China Sea）的堅定承諾，以及根據國際法尊重各國在各自專屬經濟海域內聲張主權權利的重要性。
5. 雙方支持菲律賓漁民追求傳統生計的權利和能力，雙方重申遵守二〇一六年依據《聯合國海洋法公約》組成的仲裁庭的判決。
6. 雙方重申維持台海和平與穩定的重要性，台海和平與穩定是全球安全與繁榮不可或缺的要素。

7. 雙方重申對東協全球中心地位和「東協印太展望」（ASEAN Outlook on the Indo-Pacific）的大力支持。並期待在菲律賓、日本和美國以及菲律賓、澳洲和美國之間建立三邊合作模式。

兩條清晰可辨的邏輯線索

以上七個重點，可以歸納為兩條安全核心的邏輯線索：

第一條線索：在依據二〇一六年海牙仲裁法庭否決中共對南海島礁的主權宣稱之下，對於未來中共以「非法的主權之名」對菲律賓的海上侵犯，美國將援引一九五一年的《美菲共同防禦條約》，對中共進行「集體反擊」。這等於美國否定了中共對於南海島礁的主權宣稱，同時承認了菲律賓在南海專屬經濟海域的所有權利。

第二條線索：依據「美菲加強防務合作協議」所獲得的新基地，美菲將致力於保證「南海航行和飛越自由」（美國印太戰略的核心原則），以及維持台海的和平與穩定。這等於宣稱「四基地」*的用途是在維護第一島鏈「南三角」（美菲澳）的戰略安全與穩定。

「美菲元首聯合聲明」的戰略影響

一如美韓關係，「美菲元首聯合聲明」具有重組東南亞戰略格局的作用：

1. 「美菲元首聯合聲明」是在恢復二戰以來兩國傳統的安全合作歷史，面對當前中共「南海霸凌」的威脅，以及維持台海和平等等的基礎上，重建美菲二十一世紀全方位的戰略協作關係。另一方面，美國還試圖改變「東協印太展望」長期採取「不站邊／區域自主」的政策，堅定東協國家抵抗中共威脅的戰略定力，以擴大第一島鏈「南三角」的影響力。
2. 美菲之間重新激活一九五一年的《美菲共同防禦條約》，不僅是歷史合作關係在當代的重現與強化，也凸顯了美菲「集體安全」的深度承諾。依據這項條約第四條規定，雙方認為任何一方在太平洋區域遭遇武裝攻擊，雙方將採取共同對

---

*編按：「四基地」指菲律賓於二〇二三年新增四座批准美軍使用的軍事基地。

付危險的行動。

若合併該條約第五條的規定，所謂「對任何一方的武裝攻擊」，是指攻擊任何一方的本土、太平洋海域所管轄的島嶼領土，以及在太平洋地區的軍隊、公務船隻或飛機等等。至於所謂「太平洋地區」（the Pacific area）的定義與範圍，即使條約第五條並未明確規定，但這次的聯合聲明明確將南海地區列入。換言之，美菲明確了「共同防衛南海」的義務與承諾，實質上就是共同遏制中共在南海的擴張與侵略。

菲律賓基地不主動攻擊中國，但必須積極防衛

在華府訪問期間，小馬可仕一方面公開宣稱，「四基地」在應對台海危機上將發揮重要作用，但五月四日在華盛頓「戰略與國際研究中心」（Center for Strategic and International Studies，CSIS）演講時又指出，如果未來在台海發生軍事衝突，美國不能利用菲律賓的軍事基地對中國採取進攻行動。小馬可仕強調，菲律賓這些軍事基地不會用來攻擊包括中國在內的任何國家。表面來看，小馬可仕「不攻擊中國」的說法似乎顛三倒四、前後不一，與聯合聲明的說法也顯得扞格不入。實際上，小馬可仕的說法並不矛

盾。所謂「攻擊」，包括「主動襲擊」與「被動反擊」兩個部分。小馬可仕所謂「不攻擊中國」，是指不主動攻擊中國本土或無肇因、無差別的攻擊中國，這與積極防衛中共攻擊而進行的反擊，是兩個不同的概念。換言之，除了中國本土之外，一切來自中共的攻擊（包括發動台海戰爭），美國使用的菲律賓基地都有權和有必要做出反擊。

「印太北約」已然成型

在繼美韓發表「華盛頓宣言」重塑東北亞戰略格局，我稱之為「印太北約／東北亞版本」之後，「美菲元首聯合聲明」又一次重塑東南亞戰略格局，我稱之為「印太北約／東南亞版本」。兩個版圖拼湊起來，意味著美國基本上已成完成第一島鏈「北三角（美日韓）」與「南三角（美澳菲）」的並聯，形成了一種「六方圍堵」——針對北韓、俄羅斯與中共——的完整版塊，這就是拜登自擔任總統以來，以「重建盟邦」的方式抵抗專制體制的具體實踐。

未來，可以預見，無論是美國的「自由與開放的印度—太平洋（印太戰略）」、印度的「東進政策」（act east policy），或日本的「自由與開放的印度—太平洋構想」（Free and Open Indo-Pacific Vision）（印太構想），以及「澳英美三邊安全夥伴關係」（AUKUS）。「四方安全對話」，將會連結成以抗衡中國威脅為核心的「印太北約」框架，也就是「天下圍中」的形成。

失速危機 晶片割喉戰

自美國總統拜登就任並把中國視為戰略競爭對手以來，就採取二戰以來最嚴厲的制裁與對抗立場。基本上，展望未來，中美科技大戰依然是世界格局的主軸。

自拜登以來，我把美國對中戰略的頂層設計稱為「雙頂戰略」（或稱「雙軌戰略」〔double-track strategy〕），左邊的屋頂稱為「對話・溝通」戰略，右邊的屋頂稱為「誘戰・慢死」戰略。前者是一種檯面上的形式外交或禮貌外交，主調是「溝通對話、設置護欄、管控分歧、避免衝突」；後者則是一種「溫水煮蛙」和「科技鎖喉」的慢性滅絕。

特別是在「慢死」戰略中，美國更以「立法封殺、技術斷供、晶片割喉」等等手段對付中國，讓中國的尖端科技產業既失血又斷氣。美國不費一兵一卒攻城掠地，手段有如尖刀利劍，危險又致命。

美國對中「晶片割喉」三部曲：技術、設備、人才

二〇二二年八月九日，美國總統拜登簽署了《晶片與科學法案》（*CHIPS and Science Act*），禁止未來十年內所有聯邦政府資助的美國科技公司，繼續在中國從事先進製程的經營。這項法案雖然以「自我投資」和重建美國晶片本體供應鏈為主軸，但已使出對中國晶片割喉大戰的第一刀。

同年十月七日，美國發布對中國新一輪晶片制裁，堪稱三十多年來對中國最大規模的技術封鎖和斷供。在技術層面，重點打擊中國ＡＩ、量子運算、記憶體、晶圓加工等技術，明確封鎖範圍包括：十八奈米或更先進的DRAM晶片、一百二十八層或以上的NAND Flash（快閃記憶體）、十六／十四奈米或更先進的邏輯ＩＣ，以及明確規定美系廠商中包含應用於資料中心（data center）、ＡＩ、超級電腦（supercomputer）等高效能

運算（HPC）領域的中央處理器（CPU）、圖形處理器（GPU）、人工智慧加速器（AI accelerator）等等，皆需要經過審核方可出口至中國。在設備領域，禁止尖端半導體的設備、技術與人員在中國生產，其中包括禁止內含美國技術的半導體出口至中國。在人才領域，凡是美國公民（包括本國人和持有綠卡身分者），均不得在中國從事晶片研究、開發與經營工作。

組建「晶片抗中聯盟」

不止於此，接著於十二月十二日，美國再度聯合日本與荷蘭加入組建「晶片抗中聯盟」，日本的「東京威力科創」（Tokyo Electron Ltd.）和荷蘭光刻機巨擘「艾司摩爾」（ASML），將同步加入對中國出口先進晶片製造設備的管制，目地是封堵美國出口管制存在的漏洞，建構跨國制裁的運作框架。這場「晶片三國聯盟」不僅是美國地緣經濟戰略的一環，更在「全球共識」之下，形成晶片戰爭「天下圍中」的態勢。

擴大對中國晶片企業的「實體名單」

僅過了三天，二〇二二年十二月十五日，美國商務部再度將中共三十六家晶片企業列入「實體清單」（entity list），其中包括二十一家企業涉及與中國國防部門緊密相關的人工智慧晶片的研發、設計與銷售，特別是居於核心地位的「長江存儲」（YMTC）、「上海微電子裝備」（SMEE），以及「鵬芯微集成電路製造」（Pengxinwei IC Manufacturing）。另外，其中還有七家企業與中國軍方發展極音速與彈道飛彈系統有關，也包括直接涉及對新疆維吾爾等少數民族鎮壓、拘留、高科技監視的「天津天地偉業」（Tiandy Technologies），這家公司以生產視頻監控產品為主業，支援中共對少數民族的「數位鎮壓」。

僅僅在二〇二二年一年之中，美國就分別從技術、設備、人才、出口限制等等領域，對中國進行全方位圍堵。新的出口管制將限制中國取得先進運算晶片、發展超級電腦，以及製造先進半導體的能力，幾近全面扼殺中國半導體的發展。美國一連串的極限制裁，一波接一波，毫不留情。對此，市場上一句流行的話語是：美國要把中國的半導體業「打回石器時代」，中國的晶片產業必將血流成河！

美國對中晶片割喉的戰略構想

美國對中國的晶片割喉，並非僅僅基於市場競爭和商業利益，因為割喉之戰是一場「傷敵一千，自損八百」的兩面揮刃。保守估計，美國企業在中國市場上面臨將損失四千億美元的風險（雖然僅占總收入的五％），在經濟上對美國未必有利。實際上，美國的這場割喉之戰，主要出自如下考慮。

阻止中共走向危害世界的軍事強權

美國商務部「工業和安全局」局長艾斯特維茲（Alan Estevez）在實體清單發布聲明中表示，實體清單的目的是嚴格限制中國利用人工智慧、先進運算和其他商業化技術，進行軍事現代化和侵犯人權的能力。換言之，美國的主要目的是遏止中共運用ＡＩ運算與半導體設備，進行大規模殺傷性武器、生物武器、隱形武器、極音速武器系統的製造，以及網路攻擊與認知作戰等等。換言之，晶片之戰更多是出自美國的戰略利益，特別是涉及人工智能的國安風險，而不是經濟利益。

遏制中共的科技監控

對美國而言，即使犧牲美國企業的經濟利益，也要全力封殺中共進行社會監控、種族壓迫、人權侵害等等「反人性科技濫用」的能力。以中國的「天津天地偉業」為例，這家企業涉及新疆維吾爾的種族滅絕工程，是中共監控民眾和迫害維吾爾族人的科技幫凶，助長中共實現大規模數位監控系統的野心。換言之，美國對中共的晶片制裁，更多的是基於對中共人權迫害的反擊與懲治。

中國面臨什麼損失與危機？

在美國的晶片割喉戰之下，中國將迎來晶片產業的寒冬：

1. 中國企業、政府研究型實驗室及其他科研單位，將面臨美國技術與設備的斷供。活水既失，池必乾涸，迫使中國的半導體產業陷入大衰退。
2. 在美國的晶片管制之下，中國晶片企業無法繼續雇用美籍人才，這將催迫外資企業退出中國，造成中國晶片產業人才的流失與斷層。

3. 在高度依賴晶片進口和美國禁止輸入的雙重夾殺之下，中國將被迫減少對外採買晶片設備。在一種「依賴性斷鏈」之下，將掀起中國晶片公司大量的倒閉潮。

中國能否走向「科技自主」？

就在美國公布《晶片與科學法案》前幾日，二〇二二年八月四日，中國國務院公布了《新時期促進集成電路產業和軟件產業高質量發展的若干政策》，宣布中國二〇二五年的晶片自給率，要從二〇一九年的三〇％水平提高到七〇％。實際上，截至二〇二一年，中國國產晶片僅僅占本土市場二四％左右，且主要應用在中低端消費電子產品；至於應用於電腦及高端手機的CPU、GPU及AI accelerator等等，中國遠遠未能自給自足。如今在美國的晶片割喉之下，這項計畫幾乎已經提早破滅。

目前，中國正在擬定超過人民幣一兆元（約新台幣四・四兆元）的半導體產業支援計畫，包括擴大補助晶片業者的建廠、擴廠、升級、封裝和研發等等，希望以自給自足的方式對抗美國的晶片出口管制。

然而，這種「撒幣模式」是否奏效？實際上，此舉猶如「登月摘星」，其艱難困境至少有如下數端：

1. 美國塔夫茨大學（Tufts University）教授克里斯·米勒（Chris Miller）在《晶片戰爭：矽時代的新賽局，解析地緣政治下全球最關鍵科技的創新、商業模式與台灣的未來》（*Chip War: The Fight for the World's Most Critical Technology*）一書中，描繪了一個晶片跨越數洲、數國，以及無數設計師、工程師、技術員參與其中的跨國製作流程。實際上，晶片是一種集全球技術與跨國協作的高智能產品，其生產製程是一種資本密集、技術密集、智力密集，乃至凝結人類至今為止最高智慧的複雜產業鏈。晶片生產鏈絕非一個國家所能單獨包攬，也絕無可能通過一種「科技大躍進」的口號而實現。至今為止，沒有一個國家可以單獨完成百分之百的自給自足。
2. 晶片不是玻璃片。對於缺乏經濟知識與科學素養的習近平來說，以為通過撒大錢、下指令、土法煉鋼的方式，以為只要利用中國的人海戰術與制度優勢，就可以實現晶片自主。習近平以為，只要舉國上下集中辦大事，就可以像一九六〇至一九七〇年代，中國在惡劣條件下實現「兩彈一星」（核彈、氫彈、第一顆衛星）的壯舉，再度打造中國獨立自主的半導體產業。實際上，這是習近平大錯特錯的「毛澤東教條」，更是習近平草包治國的體現。

美中之間不再握手言和！

中國是否能夠獨立自主、急起直追，還有待審慎觀察。但是在美國這種「割喉‧慢死」策略下，中國未來的科技發展與競爭優勢，將有如路塌橋斷、半途出局。

中國的半導體產業在面臨缺糧斷炊之下，將落後世界兩個世代，或至少二十年。在美中經濟脫鉤的既有邏輯下，美中在半導體產業上已經徹底拆夥，已無握手言和的可能。

失速危機 塔西佗陷阱

塔西佗陷阱（Tacitus trap）是一個關於國家公信力永久喪失的政治學理論，起源於古羅馬歷史學家塔西佗（Gaius Cornelius Tacitus），意指一個國家或統治者喪失了誠信與名譽，無論如何發言或處事，人們都會給予否定的評價。換言之，塔西佗陷阱就是指國家與領導人的信任危機。

中共向來奉行「無道德尺度」的外交，以各種利益誘惑為包裝的掠奪外交。例如拉攏和支援軍事獨裁政府，協助其鎮壓國內異議人士；以債務欺壓弱小國家，逼迫其以稀缺資源與戰略要地作為償債。這種耍賴、利誘加脅迫的外交惡習，已被國際社會所揭露和看穿。實際上，長期以來北京試圖輸出「北京模式」，以及習近平不知所云的「人類命運共同體」，試圖以專制取代民主，以中共教條取代普世價值，如此「司馬昭之心」已經惡名昭彰、無人聽信。

自二〇一二年以來，中國「全球掠奪」的戰略野心已經充分暴露，並使中國陷入四面楚歌、八方樹敵的地步。未來，中國將面臨更加嚴厲的國際孤立——塔西佗陷阱。

「人類命運共同體」的虛假性

二〇一三年九月，習近平在訪問哈薩克時宣稱：「我們要打造人類命運共同體，並推動全球治理系統的改革。」隨後，「一帶一路」開始啟動。

推動全球治理系統的改革？好大的口氣！實際上，這種以融資和貸款為手段，表面上援助各國從事基礎建設，從而掠奪與壟斷他國經濟資產的「一帶一路」，已被國際社會認定為一種征服世界的「新殖民主義」，一場國際經濟詐騙。中國因此被形容為「吊燈裡的巨蟒」。

法國漢學家高敬文（Jean-Pierre Cabestan）說道，中國一直想摧毀美國，所以需要建立一個「新霸權」，一個足以平衡和削弱美國及其盟友權力的霸權。實際上，習近平就是以「四處撒幣」的方式，收買各國成為中國的附庸，掠奪各國的稀缺資源與戰略要地，製造無數的「債務陷阱」，試圖建立一個向中國俯首稱臣的「新絲綢帝國」。

事實勝於雄辯。無論習近平如何辯稱一帶一路是一個「開放合作的平台，不以實現任何政治議程為目的」，無論習近平如何炮製糖衣，宣稱一帶一路必將創造合作雙贏，實際上人們已經識破這種「習式語錄」，不僅無人相信，甚至斥之為詭辯話術。連帶地，所有中國提出的國際合作倡議，國際社會無不給予「中國陰謀」的論斷！

對中國的負面評價

對中國的「負面評價」如今已是各國民眾普遍的共識。美國皮尤研究中心（Pew Research Center）二〇二二年六月發布一項「十九國民眾對中國看法」的民調報告。結果顯示，平均六八％民眾對中國持有負面看法，七九％民眾認為中國的人權問題嚴重，七二％民眾對中國的軍事擴張感到憂心。在一些國家中，對中國的負評甚至維持或接近歷史新高，日、澳、瑞典、美、韓的比率均超過八成，分別為八七％、八六％、八三％、八二％與八〇％。

對中國形象的負評其來有自，而且越積越深，有如鐵板釘釘。二〇二二年一月，一個被視為「中國永遠的恥辱」的徐州「鐵鍊女事件」爆發，這是成千上萬「婦女拐賣」事件中被披露的一樁。這一慘無人道的事件，不禁令世人質疑，中共治下的中國難道是一個「道德真空」的社會？良心蕩然無存，人性烏黑如墨？無論中共如何淡化、辯解、封鎖，都已無法解除世人對中共的道德控訴。

二〇〇七年，由中國導演李揚拍攝的電影《盲山》，揭露了長期存在於中國社會的人口拐賣問題。這部電影除了批判中共「一胎政策」的惡性結果，還揭露政府包庇、官黑合夥的「拐賣黑洞」，被視為中國社會道德淪喪的指標。另外，中國是世界上「失蹤兒童」最多的國家，截至二〇二〇年，有超過一百萬的兒童或青少年莫名地消失無蹤，從此再也沒有回家。

「大外宣」已成「大欺騙」

過去幾年，中國的「大外宣」確實贏得不少收益，騙取了許多國家的信任。然而，近年來，中國持續以國內的意識形態邏輯，進行一種適得其反的「逆宣傳」，也就是採取與西方主流價值或公眾判斷相反的論述，對西方群眾進行「硬灌輸」。例如，中共外交部發布美國才是「新冠病毒」起源地的假消息；一場「大翻譯運動」揭穿了中共在俄烏戰爭中的虛假立場；中共駐法大使盧沙野厲言恐嚇，統一之後要對台灣人民「再教育」，這些言論等於自己破壞官方話語的可信度。

又如社交平台TikTok對世界的「紅色滲透」，被美國國會議員斥之為「數位芬太尼」

（digital fentanyl），等同於「資訊毒品」；另一方面，中共限於自身八股式、僵硬化的宣傳格式，對中國自身的事物進行「反事實」的美化敘事，對國際批評中共之言論過度敏感與激進反擊，早已使西方群眾產生厭惡與排斥。

中共雖然大力推動「大外宣」，以強硬和傲慢的態度強力灌輸所謂「中國故事」，但實際上，最重要的閱聽對象還是國內長期被洗腦的群眾。這是一種「出口轉內銷」的意識形態教化策略，藉此鞏固和強化對中國人民的思想控制。這種虛假的大外宣，例如假借宣揚儒學和華語教學之名，暗中輸出共黨教條的「孔子學院」，已被西方國家視為文化侵略和「長臂洗腦」，進而揭發中共的文化面具與虛偽宣傳，大外宣逆轉成了「大欺騙」。

中國的「長臂管轄」——海外警察局

總部位於西班牙馬德里的非政府人權組織「保護衛士」（Safeguard Defenders），二〇二二年九月發布一份《一一〇海外：中國跨國警務失控》（*110 Overseas: Chinese Transnational Policing Gone Wild*）的報告，揭露中國在全球至少三十個國家設置超過五十四個「警僑事務海外服務站」，以處理護照換新服務為名義，實則是為了監管海外中國公民，追捕海外異議人士，脅迫他們返國受審。截至同年十二月，「保護衛士」進一步揭露，已在全球發現一百多個未經申報，俗稱「海外警察局」的組織。換言之，中共經常指控美國所謂「長臂管轄」「干涉內政」，實際上最善於此道者正是中共本身。

然而中共當局嚴詞辯解，聲稱這些設施是「行政中心」，旨在幫助中國僑民完成更新駕照等任務，並提供因為新冠疫情而中斷的其他服務。中共甚至反咬西方炒作緊張情勢，抹黑中國。實際上，所謂「僑民服務」皆可由大使館、領事館、僑社等等提供協助，無須中共警察跨海支援。換言之，中共的辯解一樣無人聽信，被人斥之為無稽之談。因為中共長期騷擾、迫害異議分子的惡行天下皆知，人們普遍認為中共的辯解正是對其自身惡行的確認。當時的美國國務院發言人普萊斯，在二〇二二年十二月六日對中共的辯解提出反駁，指稱中國官員將手伸至海外，在世界各地騷擾、監控、威脅人民，包括逼迫在美國批評北京當局的人士閉嘴噤聲。

中國已陷入「塔西佗陷阱」

古羅馬歷史學家塔西佗，在其所著《塔西佗歷史》（*Historiae*）一書中說道：「皇帝一旦成了人們憎恨的對象，無論做了什麼好事或壞事，都會引起人們對他的厭惡。」此即「塔西佗陷阱」一語的由來。換言之，國家誠信與國家形象至關重要，一個政府和領導人一旦失信，無論對錯都將受到懷疑與憎惡。難以想像，古羅馬的歷史錯誤與當代中國的危機，竟是如此不約而同、殊途同歸。

結語 「後李克強時代」：習近平暗黑政治的來臨

中共官方宣布，前國務院總理李克強於二〇二三年十月二十七日因心臟病突發逝世。實際上，李克強的去世死因離奇，過程蹊蹺。例如送到中醫院（上海中醫藥大學附屬曙光醫院）去急救！許多傳聞不免暗示，與其說李克強是「猝死」，不如說「促死」。至今為止，少有人相信官方的說法，甚至認定背後必有「習近平陰謀」的作祟。

「後李克強時代」：一個不抱希望的年代

隨著李克強的逝去，中國將進入後李克強時代。中國的溫和改革派路線宣告終結，除了剩下一個汪洋之外，「團派」已全數被殲滅。中共黨內已經沒有牽制習近平的聲音和力量，「中國共產黨」變成「中國一人黨」，叫「習黨」，中共應該改名，叫「習共」。習近平身邊既無可信之人，也無不可信之人。

在「後李克強時代」，中國韭菜百姓「改善生活」的願望破滅了，並將迎來一個「不抱希望的年代」。一個在李克強執政期間高速經濟增長的年代（平均七·五％）已經過去，未來中國百姓可能連「自求多福」的機會都已喪失。

隨著李克強的離世，中共黨內「專業技術官僚」的影響力已經退出政治舞台了，只剩下「不專業的權力官僚」，也就是習近平的「鷹犬幹部」。至今，中央領導階層人才空虛，有識者皆退避三舍，因為越接近習近平越危險。所謂「故人西辭黃鶴樓，煙花三月下揚州」（李白詩）。中國將進入政治最黑暗的年代，進入「中國的史達林時代」！習近平的「社會監控」已經毫無障礙，習近平的獨斷也不再有雜音干擾，習近平將從「毛澤東二·〇」升級至「毛澤東三·〇」，到達暗黑政治的最高點。

可以預見，中國社會不穩定的因素將持續加大，中共將鎮壓所有悼念李克強的活動，呈現一種「上壓下抗」的狀態。中國社會將出現一種犬儒主義的反抗、滿腹牢騷的不滿、耶揄嘲諷的抗議等等，也就是「哀莫大於心死」！這是一種「具有中國特色的全民憂鬱症」，一種深度的無力感！人人感受到「辛辛苦苦三十年，一夕回到解放前」！

中共的「一把手魔咒」

李克強生前抑鬱、死時淒涼的景象，在中共黨史上並非先例。

一九七六年，周恩來死於膀胱癌。患病期間，「四人幫」之一的王洪文（時任中共中央副主席）成立了一個「特別醫療小組」，採取所謂「保守治療」，但實際上，所謂保守治療就是「不治療」，直到周恩來死前都不知自己患了什麼病。

林彪真的是叛逃墜機嗎？至今真相不明。至於劉少奇直接死在牛棚裡，全身赤裸，以板車拉去火化。在中共黨史上戰功彪炳的彭德懷，也直接死在牛棚，以麻布裹屍送到三〇五醫院（不是三〇一醫院，因為叛徒不能送進高幹專屬的醫院），死時無一親人隨伺在旁，也無人送終。

除了「男鬥男」之外，還有「女鬥女」的荒誕劇本。

劉少奇的妻子王光美，長相清秀美麗，文革期間也被下放勞改。實際上，毛澤東垂涎王光美的美色已經很久，常常叫王光美到秦皇島穿著比基尼陪他游泳。對此，江青非常忌妒。江青一個戲子出身，有所謂「美色競爭」的變態心理。王光美下放時，江青不給她穿衣服，讓她光著身子，甚至命令王光美每日從事挑糞拉肥等等粗重工作，極盡荒誕和羞辱！

這就是中共黨內「二把手」的下場，李克強顯然也沒有逃過這種「二把手魔咒」。

習近平的信任危機

關於李克強的死因之所以眾說紛紜、傳言滿天，就是因為老百姓不相信「官宣」（官方宣布的消息），不相信李克強為正常死亡。對於李克強可能含冤而死，老百姓「寧可信其有，不可信其無」，並且默認習近平可能就是幕後黑手，這是一種「不說出來的不言而喻」。這就必然產生「習近平的信任危機」，也就是給予習近平「最負面的評價」。

這就是政治學上所謂「塔西佗陷阱」，無論你中共說什麼，人民就是不相信。《莊子》〈在宥〉有云：「天氣不和，地氣鬱結。」這種天地乖離的景象，正可以形容習近平的政治危機。在中國百姓看來，所謂「習近平的政治危機」，就是指習近平把意識形態當飯吃！把中國百姓當韭菜割！

又一場「悼念革命」的醞釀？

一九七六年中國發生一場因為悼念周恩來而爆發的「四五運動」，一九八九年有悼念胡耀邦的「六四運動」，二〇二二年十一月則有悼念烏魯木齊火災的「白紙運動」。這場號稱「中國的顏色革命」，迫使習近平立即解除天怒人怨的「動態清零」政策。

這些抗議運動都是從「悼念」開始，從堆滿鮮花中的默哀和流淚開始。對於許多中國人來說，李克強的離世也帶走了曾經輝煌的「黃金十年」。近日，在安徽合肥紅星路八十號的李克強故居，乃至安徽滁州定遠縣的祖居，以及曾任省長的河南鄭州，都出現了堆積如山的「悼念鮮花」，前來悼念的人群有如一條長龍，擠滿了巷道。這可能又是另一場「庶民革命」的火苗。儘管在習近平滴水不漏的社會監控之下，這支火苗還處於星星之火的萌芽狀態，等待助燃，等待燎原。

後記 二〇二四年中共面臨的十大危機

如果用積惡成習、近墨者黑、不平則鳴，來形容二〇二四年中共繼續面對的危機，可謂一字不差。在此之前，我提出了二〇二三年中共的十大危機，這一年來危機沒有化解，反而繼續惡化。面對未來，中共政權依然四面楚歌、危難重重。

第一危機：美中脫鉤斷鏈

二〇二三年十二月十二日，美國眾議院「美國與中國共產黨戰略競爭特設委員會」（Select Committee on the Strategic Competition Between the United States and the Chinese

Communist Party）發布一份兩黨議員連署的「大型意見書」，這份長達五十三頁、內含一百五十項清單的報告，名為「reset, prevent, build」。這份報告以三大重點提供立法建議，分別為「重置與中國的經濟關係」「遏制美國資金和技術流入中國為其軍事擴張與人權迫害提供助力」，以及「重建美國的技術領先並與盟友共建具有韌性的經濟聯盟」；我把它概括為「三個斷」：貿易斷鉤、資金斷供、技術斷流。

這份報告進一步呼籲，切斷美中之間的經濟和金融聯繫，包括取消二十多年前中國加入世界貿易組織後，美國給予中國的「永久貿易最惠國」待遇。這份有史以來最完整、我將其稱之為「抗共保美」的清單，目的在切斷世界最大的兩個經濟體之間的資本和技術流動。這份報告的關鍵詞落在：「經濟上依賴一個利用黨國力量進行經濟競爭的戰略對手，對美國構成嚴重風險。」實際上，這份報告是建議美國與中國必須脫鉤斷鏈。

不論這份報告是否將成為重置（reset）美中關係的具體政策，至少證明美中關係至今沒有得到緩解，甚至持續惡化。儘管習近平在二〇二三年十一月舊金山亞太經濟合作組織（APEC）峰會中，向美國總統拜登表達了「願與美國結盟並做美國朋友」；但習近平這種翻轉和變身，有人稱之為「微笑外交」，實際上是「面具外交」，已經被視為外交姿態的矯情表演而不被國際社會所信任。換言之，美國不吃「習近平這一套」。

我估計，二〇二四年以後，美中關係將從「去風險」走向「戰略性脫鉤」，再到「大面積斷鏈」，理由是中國對美國已經做出「終極對抗」的戰略準備。

依據《紐約時報》二〇二三年十二月二十日報導，從衛星監視圖可以看出，中國正祕密恢復和增建已經廢棄達六十年的新疆「羅布泊核子試爆實驗場」。在增建項目中，新挖掘了深達五百三十六公尺深的「豎井」，還包括新挖隧道、鋪路、蓋新建築群等等，顯示中共正在準備一場你死我活的美中核武決戰。

實際上，有不少人懷疑，二〇二三年十二月十八日發生於甘肅、青海規模六．二的地震，可能正是羅布泊祕密核子試爆所造成的「核爆地震」，理由是這次地震是一種「底層擠壓型」的地震，以致造成青海省出現「砂湧現象」——地下含水量沙層遭擠壓破土而出後形成泥流，間接證明甘肅地震極可能是一場「人造地震」。

中共一旦走向與美國的「核武競賽／核對抗」，必將重蹈當年蘇聯與美國進行核武競賽而導致「國窮民困」的覆轍。特別是在中國未來十年處於「低度經濟增長」的局面下，這種窮兵黷武的戰略瘋狂，必將使中共重演蘇聯解體的命運。

第二危機：陷入南海戰爭

儘管二〇一六年海牙國際仲裁法院做出中國對南海所謂「歷史性權利」之主張為無效判決，但中共既不承認此項判決，也從未停止對南海島礁的軍事化行動。由於中共始終主張擁有南海九〇％海域的主權，這幾乎觸怒了所有南海主權聲索方。二〇二三年十二月，中共海警船與菲律賓補給船分別在黃岩島和美濟礁發生對峙和衝撞事件，使南海的緊張形勢迅速升高，甚至瀕臨戰爭邊緣的狀態。

自一九九五年起，中共就占領了美濟礁，並開始在此填海造島，建造軍事設施。一九九九年菲律賓占領了仁愛礁，與美濟礁遙望對峙。二〇一二年中國控制了黃岩島。隨後，自二〇一八年起，中共就開始向美濟礁、渚碧礁和永暑礁部署了反艦導彈和防空導彈，並經常對菲律賓進行包括圍堵、禁航、驅離和衝撞等等戰術攻擊行動。

中共的目的，一方面試圖驅離美國在此一地區的影響力，一方面試圖打擊西太平洋包括關島在內的美國及盟軍的軍事基地。然而，美國和菲律賓自一九五一年起就訂有

《美菲共同防禦條約》，隨時可以啟動對付中國的侵犯；近期，兩國又訂立了《美菲加強防務合作協議》，只要中共對菲律賓的攻擊造成傷亡，就會受到美國的反擊。另外，菲律賓總統小馬可仕也尋求日、韓、印度等國的協助，除了已經允許美國駐軍之外，還提出菲日兩國相互駐軍的構想。未來如果南海危機繼續升高，極可能在這一地區爆發一場針對中國的「圍中之戰」，中國必將遭受「新八國聯軍」（美、菲、日、韓、印度、澳、英及南海島國）的集體圍剿。

第三危機：異化的民族主義

從一戰結束到二戰期間，特別是德國納粹主義、義大利法西斯主義與日本軍國主義興起的過程，說明了一個「（自認）屈辱性的強權國家」在面臨內外交迫、經濟封鎖、地位競爭與國際孤立的困境之下，最容易形成一種瘋癲的、失控的、叫魂的民族主義，並且進一步採取「報復性外交」或「無理性侵略」來展現一種「雪恥復國」的強勢立場，乃至危害現有的秩序與穩定。「雪恥復國」向來是獨裁者最有用的法寶，這就給了獨裁者採取以軍事對抗來進行意識形態鬥爭的絕佳理由。中共現在正處於一種「以民族主義進行報復性擴張」的失控狀態：一方面實施極端的自給自足的封閉經濟，一方面實施同樣極端的對外擴張。

依據《自由時報》報導：二〇二三年十二月，日本一家「中華西太后」中式料理餐館，由於在疫情期間於門口張貼「禁止中國人及韓國人入內」，遭到旅日的中國網紅「油頭四六分」的騷擾。事件曝光後，立刻在社交平台掀起熱議，日本反中情緒再度升溫，不少日本網友都高喊「中國人滾出去」。另外，最近發生一起中國小粉紅擤了一把鼻涕，塗抹在台灣駐教廷大使館的招牌上的事件。這種「素質」，我稱之為「具有中國特色的公民道德」！

「小粉紅現象」其實就是一種「中國民族主義的武器化」，我把這些具有中國特色的小粉紅稱為「地球人渣」或「兼職土匪」。問題就在於，中國的民族主義始終受到中共的組織、規劃和鼓動；但是失控的民族主義，也會轉過來使「操縱者失控」。

一方面，由於操縱者對民族主義的控制能力不足，導致操控者被民族主義驅使和綁架，造成「腦熱」與「蠻幹」的冒險行動。另一方面，在習近平強力洗腦並洗出一些「腦殘粉紅」之後，這些粉紅反過來逼迫他們的領導人不得向世界示弱服軟、不得向敵人低頭示好、不得對反華勢力妥協退讓。這種現象我稱之為「異化的民族主義」（alienated nationalism），這將使得中國無法走出民族主義的精神毒癮、無法邁出與世界友好合作的步伐，乃至走向一種不計後果的「全球對抗」。

第四危機：全社會通貨緊縮的來臨

通貨緊縮是指「貨幣供應量少於流通領域對貨幣的實際需求量」，也就是「社會消費支出不足」，從而引起的商品和勞務的貨幣價格總水平持續下跌的現象。長期的貨幣緊縮會抑制投資與生產，導致失業率升高與經濟衰退。

中國二〇二三年十月分通貨膨脹率是負〇・二％。自從二〇二三年四月以來，中國的通貨膨脹率一直都徘徊在〇％；在七月數據掉到負〇・三％之後，八月、九月看似改善至〇・一％和〇％，但十月分再度出現負值。至於「生產者物價指數」（PPI）年增率更是連續十三個月負成長，該年十月分為負二・六％。

依據中國官方二〇二三年十月分統計，中國的「消費者物價指數」（CPI）（用來衡量消費者購買能力的變動），以及「生產者物價指數」（用來衡量生產的產品價格的變動），雙雙出現下滑。換言之，即使商品總體價格下跌，消費者依然不敢消費。其中PPI下滑更為嚴重。兩項指標，都顯示中國將持續處於嚴重的經濟衰退之中。

第五危機：中南海權力震盪

火箭軍事件*、李尚福事件、秦剛事件與李克強猝死事件相繼爆發，各方認為這是習近平為了維護自己的權力而進行一連串的「權力大清洗」，其結果表面上習近平以「剷除忠臣」的方式鞏固了自己的獨裁地位，但實際上卻失去了人民的忠誠與信任。

習近平已經進入「晚年執政」的階段。在共產黨歷史中，領導人往往年紀越大越危險、越失控，一方面恐懼生命苦短、時日不多，一方面充滿「壯志未酬」的焦慮感，我把它稱為「老年危機症」。史達林如此，毛澤東如此，習近平也是如此！

習近平的疏失，不僅在於改變中共的「傳統黨規」，更在於不願建立「接班人」制度。這就會產生一種「兩怨危機」：民怨與黨怨。一方面，當日本前首相安倍晉三以及中共前總理李克強相繼死亡時，人民心中普遍產生一種「可惜不是你」的怨嘆；一方面，雖然這樣的反諷有點惡毒，但也顯示一旦習近平有什麼三長兩短，必然提前在中共中央政治局衍生「爭奪接班人」的局面，隨後到來的必是「爭奪最高領導人」的權力鬥爭。

最近習近平發起了一場「新評毛澤東運動」，藉「捧毛」來墊高自己搖搖欲墜的地位。特別是在去年的「權力大清洗」中，習近平清洗了自己親自提拔的人，不僅證實了「伴君如伴虎」，更造成「伴君如送死」的恐懼感。這是一種「黨性壓死人性」的無良政治，也就是「靠習近平越近，死得越安靜」。可以預見，來自民間自發的「反習」聲浪將「由小到大」地出現，來自黨內「逼（宮）習」的奪權力量將「由暗到明」。換言之，在習近平威信掃地之下，「中南海的權力震盪」很可能發生，其慘烈情況更是難以預料。

*編按：二〇二三年七月，中國突然宣布更換解放軍火箭軍的兩名領導人，間接證實「失蹤」數月的原火箭軍司令員李玉超上將和政委徐忠波上將已經被離職。

第六危機：深陷國際孤立

二〇二三年十二月二十七日至二十八日，中共召開了「中央外事工作會議」，再度提出「鬥爭口號」：敢於鬥爭、敢於亮劍、積極備戰等等，重新恢復「戰狼外交二・〇版」，這必將使中共再度陷入史無前例的國際孤立狀態。這包括美國將「重置」（reset）中美關係；在南海挑釁以致造成印太國家「聯合抗中」的態勢；不公平貿易與企業補貼政策，導致歐盟準備採取「反補貼調查」等等。我把這種孤立概括為「三重孤立」——「美亞歐」三個區域性孤立的狀態。特別是美菲之間加緊軍事協作關係，隨時啟動《美菲共同防禦條約》以及《美菲加強防務合作協議》；另一方面，越南也開始倒向美國，成為美國「友岸外包」*的對象，以及取代中國「世界工廠」的地位。然而，中共依然叫囂「武力統一台灣」，造成了全球一致反對中共片面改變台海現狀的壓力。換言之，中國從區域孤立到全球孤立的局面必將出現。

中共現在面臨的外交局面就是：大朋友都跑光了，只剩下一些「小朋友」，例如北韓、伊朗、俄羅斯和緬甸這些受到制裁的「流氓國家」。這四個國家已經被世界視為「邪惡軸心」，是破壞國際體系的「麻煩製造集團」。換言之，中共的國際形象已經跌落谷底，陷入一種「塔西佗陷阱」，已經無國際誠信與國際號召力可言，成為眾所公認的「國際公敵」。

第七危機：歐中貿易戰一觸即發

二〇二三年十二月七日在北京召開的「歐中峰會」，會議既無結論，也無共識，至此歐中關係已經撕破了臉。中國擺明了不會在俄烏戰爭中支持歐洲，也無意在歐中貿易失衡問題上做出讓步。

歐盟對中國的貿易赤字已達到四千億歐元，歐盟認為這既是「不可持續的」，也是「不可忍受的」。目前，歐盟已經開始對中國進行「電動車的反補貼調查」，預計將在二〇二四年下半年公布調查結果，估計中共的貿易補貼政策必然是證據確鑿。在此同時，

*編按：友岸外包（Friendshoring）是美國實施的一項外交及貿易政策，要求企業撤離跟美國有地緣政治衝突的國家，轉而優先與盟國或價值觀相近的國家發展貿易關係，並建立彼此互助的供應鏈。

歐盟也自二〇二三年五月十七日啟動「碳邊境調整機制」（CBAM），對中國進入歐盟的產品實施「碳關稅」。如果中共不願在貿易補貼和不公平競爭問題上做出讓步，極可能遭到歐盟進一步的貿易制裁，失去大部分的歐洲市場，甚至引發繼川普之後的另一場對中貿易戰。

第八危機：官僚失能，治理失敗

疫情高爆發：白肺疫情

由於疫苗效力的低落、醫療能量的不足、公共衛生條件的落後，使中國處於疫情高爆發、大規模傳染、死傷較嚴重的情況。在新冠疫情持續三年「動態清零」的防疫政策之後，中共當局並沒有吸取教訓和謀求改進，這就是「官僚躺平」的現象。在中共這種缺乏民意監督、權力制衡，僅僅只有「黨內問責」的體制下，這種每逢疫情就哀鴻遍野，只會增加，不會減少。

災難常態化：貴州地震與杜蘇芮颱風

最近甘肅發生規模六・二的地震，人民在房子倒塌時衝出戶外避難，在零下十度的低溫下坐以待斃，顯示中共當局的災難防治非常疲軟和落後。有人甚至懷疑，這場地震是中共進行祕密核子試爆所導致的「人為地震」；加上更早之前杜蘇芮颱風襲捲中國華北地區，造成重大災難。在這些災難中，中共官員採取的是「保中央、不保人民」的立場，地方政府採取的是「保維穩、不保救災」的態度，這幾乎等同於「官僚殺人」，至今積累的民怨沒有化解。

第九危機：資產三流失（財政、投資、人才）

財政部分

二〇二三年中國的各種經濟數據中出現了一個關鍵指標，那就是政府的月度財政公共預算出現了明顯下降。實際上，自該年五月分起，中共的月度財政收入的增量開始下滑；到了八月，財政收入增量出現了負值，同比二〇二二年八月短少了六百億人民幣。

財政萎縮的主因，來自各種稅收的減少。依據二〇二三年一月至八月統計，消費稅下降九%，顯示民生消費確實出現萎縮；企業所得稅下降七·六%，顯示企業的利潤下滑；個人所得稅下降〇·一%，幅度雖然不大，但也顯示人民的所得出現剛性下降。另外，進口貨物增值稅和出口退稅同時下降，顯示出口無力；印花稅下降八·九%，其中證券交易印花稅下降二九%，是金融活動疲軟的表現。此外在城鎮土地使用稅、土地增值稅、耕地占用稅都同時下降，顯示房地產處於疲軟蕭條的階段。

投資部分

依據二〇二三年第二季度的統計，中國境外對華直接投資創下了一九九八年以來的最低值，僅僅維持四十九億美元，與二〇二二年同期相比降幅達到八七%，目前這個數字已經達到九二%，顯示外資幾近全面流失。相對地，在中國對外投資方面，相較於二〇一六年暴跌了二五%。

換言之，中國同時出現「內外投資雙流失」的現象，也就是一方面出現外國對中國投資金額低於中國對外投資額，一方面也出現中國對外投資幅度的下降，綜合起來就是

「撤資大於新增投資」的趨勢。據中國「國家外匯管理局」二〇二三年十一月三日公布的第三季「國際收支統計」，外資第三季直接投資總額為負一百一十八億美元（約新台幣三千七百九十億元），為一九九八年建立統計以來首次出現負值。另依據《經濟學人》（*The Economist*）的估計，中國習慣於模糊和灌水的國際收支數據，實際上可能掩蓋高達五千億美元（約新台幣十五兆六億五千萬元）的資金流出。

另依據「中國美國商會」二〇二二年秋季的調查顯示，六六%的會員企業將「中美關係緊張」列為中國市場最大的商業風險。另一方面，「中國日本商會」在二〇二三年九月針對會員企業所做的調查顯示，近五成的會員表示「二〇二三年不投資」或「將比二〇二二年減少投資」。

人才部分

《華爾街日報》（*The Wall Street Journal*）二〇二三年七月五日發表一份調查報告，中國的「淨移民」人數在二〇一八年已接近三十萬人。所謂「淨移民」，是指一段時期內移居到國外的移民總數減去每年移居到國內的移民數量（移出減去移入）。這些移民，大多數是富人或受過高等教育的菁英，也就是所謂「高淨值個人」（資產超過一百萬美元）。從數據來看，二〇一七年富人的淨移民人數超過一・一萬人，二〇一九年超過一・五萬人。若單純從富人流出的數據來看，二〇二二年有一・八萬富豪移出，二〇二三年有一・三五萬名富人離開了中國。

淨移民的增加，也反映了外國人才流入的減少。中共官方數據顯示，二〇二〇年上海和北京的外國居民僅為十六萬三千九百五十四人和六萬二千八百一十二人，較二〇一〇年分別下降了二一%和四二%。

人才流失，必然造成資產外移、技術流失、經濟倒退、社會退化等等危機。

第十危機：陷入「中等收入陷阱」

「日本經濟研究中心」二〇二三年十二月發布「中國經濟危機展望」，如果中國不能在短期內解決「房地產價格暴跌所引發的金融危機」，按考慮到物價波動的實際增長率來看，一%左右的GDP低增長將形成「常態化」。換言之，中國要想達成「到二〇三五年GDP翻一番」的目標，將非常地困難。綜合各方的分析，未來十年中共的

GDP增長率將處於「〇%至三．五%」之間「低檔徘徊」和「增長乏力」的狀態，並陷入「中等收入陷阱」之中。

所謂「中等收入陷阱」，是指一個國家經歷了經濟高速增長並在人均GDP達到中等收入水準後，出現了停滯或「卡關」的狀態。這種停滯狀態表明，既無法在技術上與「先進經濟體」競爭，又無法在工資成本上與「低廉經濟體」競爭，造成經濟始終「上不上、下不下」的狀態。

未來，如果中國不能維持平均每年六%至七%的GDP增長，若合併技術創新的不足、「黨管經濟」以致擾亂市場的自主與活力，加上貧富不均與人口老化，中國必將跌入中等收入的陷阱之中。

焦點系列 026

失速中國

政大國關中心中國專家四大面向剖析，一窺中國失控、全球遭殃的燃點！

作　　者　宋國誠
總 編 輯　許訓彰
資深主編　李志威
企　　畫　李珮綺
校　　對　鄭琬屏、李珮綺、許訓彰
封面設計　兒日設計
內文排版　菩薩蠻數位文化有限公司

行銷經理　胡弘一
企畫主任　朱安棋
行銷企畫　林苡蓁
印　　務　詹夏深

出 版 者　今周刊出版社股份有限公司
發 行 人　梁永煌
社　　長　謝春滿

地　　址　台北市中山區南京東路一段 96 號 8 樓
電　　話　886-2-2581-6196
傳　　真　886-2-2531-6438
讀者專線　886-2-2581-6196 轉 1
劃撥帳號　19865054
戶　　名　今周刊出版社股份有限公司
網　　址　http://www.businesstoday.com.tw

總 經 銷　大和書報股份有限公司
製版印刷　緯峰印刷股份有限公司
初版一刷　2024 年 2 月
初版二刷　2024 年 5 月
定　　價　400 元

國家圖書館出版品預行編目(CIP)資料

失速中國 : 政大國關中心中國專家四大面向剖析,一窺中國失控、全球遭殃的燃點!／宋國誠著. -- 初版. -- 臺北市 : 今周刊出版社股份有限公司, 2024.02
336 面 ; 14.8 × 21公分. --（焦點系列 ; 26）
ISBN 978-626-7266-56-4（平裝）

1.CST: 中國大陸研究 2.CST: 政治發展 3.CST: 政治權力

574.1　　112021783